U0071484

佛法常行經典系列⑦

楞嚴經

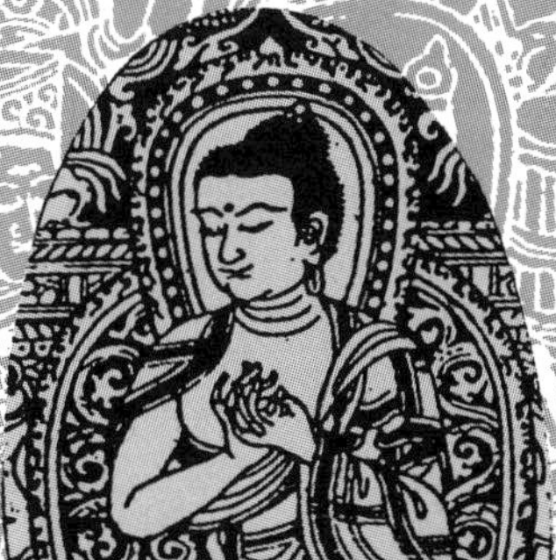

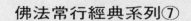

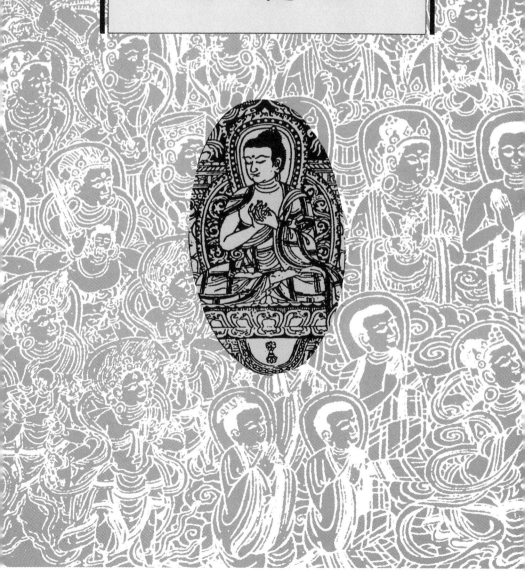

佛法常行經典的出版因緣

佛法常行經典是承繼著佛菩薩經典及三昧禪法經典之後，再編輯的一套佛經系列，希望與前述的兩套經典一般，能夠帶給大眾佛法的甚深喜樂。

常行經典的編輯有兩個方向：一是普遍，本系列所選編的經典是全體佛教或各宗派中，必備的常用經典。二是精要，這些選編的經典不只普遍，而且涵蓋大乘佛法的各系精要，是每一位佛教徒都應該仔細研讀的根本經典。因此，我們除了有些常行經典，如《金剛經》、《心經》、《維摩詰經》等等，已在其他系列中編出，以及部份經典如《華嚴經》、《大寶積經》等，本身可以單獨成套之外，大都匯集於此處出版。

另外，這一套經典的產生，也可以說是教界大德與讀者摧生的結果。因為我們開始推出一連串的經典系列，原本是為了推廣佛經閱讀、修持的新運動，希望使佛經成為我們人間生活的指導書，而不只是課誦本而已，並且圓滿「生活即佛經，佛經即生活」的目標。我們認為在這機緣的推動之下，以前可能只有百人完整閱讀過的佛經，會變成千人，乃至萬人閱讀，並使經典成為生活中的內容。而且在我們的編輯策劃下，當一個人他想要依止一位佛、菩薩或一類法門修持時，他只要隨時攜帶一本編纂完成的經典，就可以依教奉行。如果這種方式推廣成功的話，實在是一場閱讀與修行的革命，能使生活與佛法完整的結合。因此，雖然大眾十分訝異於我們竟然有勇氣去推動這麼艱難的工作，但是我們的心中只有歡喜。

也因為這樣的理念，剛開始時，許多常行的流通經典，並沒有列為第一波出版計劃。但是教界大德與讀者們，卻十分期望看到我們編輯這些常行經典的成果，並且能再予普遍推廣。對於他們的肯定，我們心中十分感激，並且從命編出。

正如同《法華經》中所宣說的：偉大的佛陀是以一大事因緣出現於世間，這一大事因緣就是要使眾生開、示、悟、入佛陀的知見。也就是說：佛陀出現於世間的真正目的，就是要我們具足佛陀的智慧，與他一樣成為圓滿的大覺如來。佛陀的大慈大悲深深的感動著我們，也讓我們在半夜之中觀空感泣。佛陀的大願，是那麼廣大，微小的我們要如何去圓滿佛陀的心願呢？現在我們只有用微薄的力量將具足佛陀微妙心語的經典編輯出來，供養給十方諸佛及所有的大德、大眾。

佛法常行經集共編輯成十本，這些經典的名稱如下：

一、妙法蓮華經、無量義經
二、悲華經
三、大乘本生心地觀經、勝鬘師子吼一乘大方便方廣經、大方等如來藏經
四、小品般若波羅蜜經
五、金光明經、金光明最勝王經
六、楞伽阿跋多羅寶經、入楞伽經
七、大佛頂如來密因修證了義諸菩薩萬行首楞嚴經
八、解深密經、大乘密嚴經

九、大毘盧遮那成佛神變加持經

十、金剛頂一切如來真實攝大乘現證大教王經、金剛頂瑜珈中略出念誦經

我們深深期望透過這些經典的導引，讓我們悟入無盡的佛智，得到永遠的幸福光明。

南無　本師釋迦牟尼佛

凡例

一、關於本系列經典的選取，以能彰顯全體佛教或各宗派中，常用必備的經典為主，期使讀者能迅速了解大乘佛法的精要。

二、本系列經典係以日本《大正新修大藏經》（以下簡稱《大藏經》）為底本，而以宋版《磧砂大藏經》（新文豐出版社所出版的影印本，以下簡稱《磧砂藏》）為校勘本，並輔以明版《嘉興正續大藏經》與《大正藏》本身所作之校勘，作為本系列經典之校勘依據。

三、《大藏經》有字誤或文意不順者，本系列經典校勘後，以下列符號表示之：

(一)改正單字者，在改正字的右上方，以「*」符號表示之。如《大乘本生心地觀經》卷一〈序品第一〉之中：

披精進甲報智慧劍，破魔軍衆而擊法鼓《大正藏》

披精進甲執智慧劍，破魔軍衆而擊法鼓《磧砂藏》

校勘改作為：

披精進甲*執智慧劍，破魔軍衆而擊法鼓《大正藏》

(二)改正二字以上者，在改正之最初字的右上方，以「*」符號表示之；並在改正之最末字的右下方，以「☆」符號表示之。

如《小品般若波羅蜜經》卷五〈小如品第十二〉之中：

我等要當令母久壽，身體安隱，無諸苦患、風雨寒熱、蚊䖟毒螫？《大正藏》

我等云何令母久壽，身體安隱，無諸苦患、風雨寒熱、蚊䖟毒螫？《磧砂藏》

校勘改作為：

我等*云何☆令母久壽，身體安隱，無諸苦患、風雨寒熱、蚊䖟毒螫？

四、《大正藏》中有增衍者，本系列經典校勘刪除後，以「①」符號表示之；其中圓圈內之數目，代表刪除之字數。

如《小品般若波羅蜜經》卷三〈泥犁品第八〉之中：

般若波羅蜜力故，五波羅蜜得般若波羅蜜名《大正藏》

般若波羅蜜力故，五波羅蜜得波羅蜜名《磧砂藏》

校勘改作為：

般若波羅蜜力故，五波羅蜜得②波羅蜜名

五、《大正藏》中有脫落者，本系列經典校勘後，以下列符號表示之：

(一)脫落補入單字者，在補入字的右上方，以「⊙」符號表示之。如《解深密經》卷二〈無自性相品第五〉之中：

未熟相續能令成熟《大正藏》

未成熟相續能令成熟《磧砂藏》

校勘改作為：

未⊙成熟相續能令成熟

(二)脫落補入二字以上者，在補入之最初字的右上方，以「⊙」符號表示之；並在補入之最末字的右下方，以「☆」符號表示之。

如《悲華經》卷四〈諸菩薩本授記品第四之二〉之中：

以見我故，寒所有眾生悉得煴樂《大正藏》

以見我故，寒冰地獄所有眾生悉得煴樂《磧砂藏》

校勘改作為：

以見我故，寒⊙冰地獄☆所有眾生悉得煴樂

六、本系列經典依校勘之原則，而無法以前面之各種校勘符號表示清楚者，則以「㊟」表示之，並在經文之後作說明。

七、《大正藏》中，凡不影響經義之正俗字（如：恆、恒）、通用字（如：蓮「華」、蓮「花」）、譯音字（如：目「犍」連、目「乾」連）等彼此不一者，本系列經典均不作改動或校勘。

八、《大正藏》中，凡現代不慣用的古字，本系列經典則以教育部所頒行的常用字取代之（如：讃→讚），而不再詳以對照表說明。

九、凡《大正藏》經文內本有的小字夾註者，本系列經典均以小字雙行表示之。

十、凡《大正藏》經文內之呪語，其斷句以空格來表示。若原文上有斷句序號而未空格時，則本系列經典均於序號之下，加空一格；但若作校勘而有增補空格或刪除原文之空格時，則仍以「◎」、「①」符號校勘之。又原文若無序號亦未斷句者，則維持原樣。

十一、本系列經典之經文，採用中明字體，而其中之偈頌、呪語及願文等，皆採用正楷字體。另若有序文、跋或作註釋說明時，則採用仿宋字體。

十二、本系列經典所作之標點、分段及校勘等，以儘量順於經義為原則，來方便讀者之閱讀。

十三、標點方面，自本系列經典起，表示時間的名詞（或副詞），如：時、爾時等，以不逗開為原則。

楞嚴經序

本經全名《大佛頂如來密因修證了義諸菩薩萬行首楞嚴經》，梵名為Sarvatathāgatasya-guhya-siddhārthâbhisamaya-hetu-sarva-bodhisatvas=ya-caryẹ-samudr-adeśa-buddhôṣṇiṣa-śūra ṅ gam a.簡稱為《大佛頂首楞嚴經》、《大佛頂經》、或云《首楞嚴經》、《楞嚴經》。本經深受中國佛教徒歡迎，歷代受其影響之祖師大德不少，並有不少相關著疏傳世。而其義理深奧、文筆優美，尤為大眾所讚嘆。

在佛教史上，自唐以來為《楞嚴經》做注疏者不下六十餘家，數量之富除《金剛般若》、《法華》、《心經》三部之外，以此經為最多。直至近代如太虛、諦閑、圓瑛、倓虛、守培等法師皆有《楞嚴經》著述傳世，可見此經在佛門中之影響。《楞嚴經》千餘年來在中國之影響日深，中國寺院早課必誦楞嚴呪已成一牢不可破之規矩，此呪並被視為呪中之王。而楞嚴呪出自於《楞嚴經》，此經所受崇敬可知一斑。而「開悟楞嚴，成佛法華」，將《楞嚴經》與《法華經》並舉也就成為中國佛門傳誦的佳話了。

本經在傳統上一直被視為屬於密宗的經典。密宗以六大、四曼、三密為體、相、用之根本要理。本經中佛所說之建壇儀軌及持呪行法等，即具足了四曼、三密；且第三卷中所開示之七大，亦與六大之說若合符節；而本經又名《中印度那蘭陀大道場灌頂部錄出別行》，亦可見其與密教之關係。密教中有五部之說法：中佛部（灌頂部）東金剛部、西蓮華部、南寶生部、北羯磨部。若此則本經屬於中央灌頂部之經典而錄出別行者，實為密教之經典。但是此經以觀音為主要之法主，而觀音屬蓮華部、灌頂部之部主則為毘盧遮那如來，二者如何會通？對此，太虛大師主張：「然真言宗又大別為胎藏界、金剛界。胎藏界重在理、純詮果德。金剛界重在智，兼詮因行。竊指本經為屬於真言宗金剛界，由蓮華部觀世音因門證入灌頂部毘盧遮那果海者。」

本經開示「根塵同源」、「縛脫無二」的法理，並解說菩薩萬行、三摩提法的階次關係。尤其開演七處徵心八還辨見，對宇宙的生成，菩薩的修行法要，及五十種陰魔的解說更有其特有之處。我們耳熟能詳的觀世音菩薩的耳根圓通、大勢至菩薩的香光莊嚴都出自此經。其依菩提心攝心以待得真淨妙心，與後代禪家的體解悟入真常妙心有深契之處。

此經共分十卷，內容如下：

第一卷：阿難乞食，遭到摩登伽女幻術所拘，將毀戒體。佛遣文殊師利令持神呪救護。阿難與摩登伽女來至佛所，阿難頂禮悲泣，懺悔一向多聞道力未全，祈請佛陀來開示十方如來成菩提方便。佛陀憐愍眾生無始以來生死相續，顛倒妄想，故為開示法要。

第二卷：解明真性圓明淨妙、非生非滅、本來常住。一切諸法由心所現，真、妄二見，明、暗二塵皆眾生顛倒分別所生。

第三卷：言六入本如來藏妙真如性，本非因緣，非自然性。十二處、十八界、六大等亦復如是。

第四卷：富樓那請問世尊：世間一切根塵陰界處等皆如來藏，清淨本然，為何忽然出生山河大地諸有為相？世尊開示性覺妙明、本覺明妙，發生宇宙萬象的道理；並對阿難等講解菴摩羅識，空如來藏等之教義。

第五卷：憍陳那等五比丘、優婆尼沙陀、香嚴童子、藥王藥上二法王子、跋陀婆羅等十六開士、摩訶迦葉及紫金光比丘、阿那律陀、周利槃特迦、憍梵鉢提、畢陵伽婆蹉、須菩提、舍利弗、普賢菩薩、孫陀羅難陀、富樓那彌多羅尼子、優波離、大目犍連、烏芻瑟摩、持地菩薩、月光童子、琉璃光法王子、虛空藏菩薩、彌勒菩薩、大勢至法王子及同倫五十二菩薩等，各自宣說最初得道方便，敘述自身證得之境界。

第六卷：觀世音菩薩開示耳根圓通法門，從聞思修入三摩地，觀音如來授以幻聞、薰聞修金剛三昧。與佛如來同一慈力成三十二應身，入諸國土，應以何身得度者，即現何身度之。說十四種無畏，四不思議無作妙德。文殊師利法王子以偈頌讚歎。

第七卷：誦出四百三十九句的大佛頂陀羅尼，並讚述頌持功德。次舉十二類衆生的顛倒。

第八卷：說明修三摩提破衆生顛倒妄見，如何趣入本覺淨明的真源；並開示菩薩的階次，說十信、十住、十行、十迴向、煖、頂、忍、世第一、十地、等覺、妙覺五十五個階位。並述地獄的十因六果。

第九卷：具說三界二十五有之相，並述及五十種陰魔，及其對治。

第十卷：續說五十種陰魔。四破外道之種種邊見、常見、斷見，示定慧圓明的修法；並述及理則頓悟、乘悟併銷；事非頓除，因次第盡的修行觀念。最後說明此經法門的殊勝。而在一切比丘、比丘尼、優婆塞、優婆夷、世間天人、阿修羅、他方菩薩、二乘、仙人及大力鬼神的歡喜讚歎中圓滿此經。

目錄

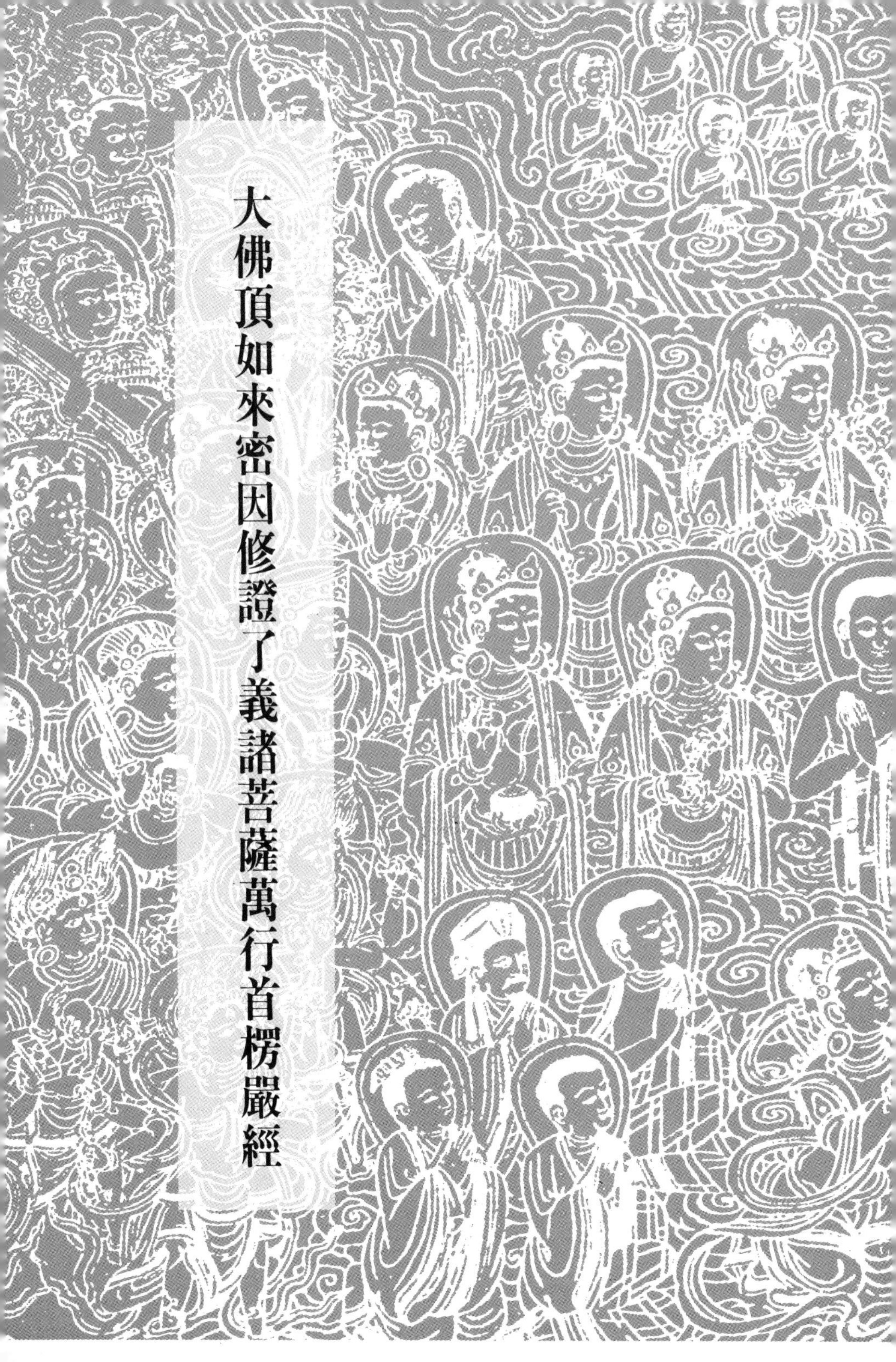

大佛頂如來密因修證了義諸菩薩萬行首楞嚴經

大佛頂如來密因修證了義諸菩薩萬行首楞嚴經卷第一

一名中印度那蘭陀大道場經於灌頂部錄出別行

大唐神龍元年龍集乙巳五月己卯朔二十三日辛丑中天竺沙門般剌蜜帝於廣州制止道場譯出
菩薩戒弟子前正諫大夫同中書門下平章事清河房融筆授
烏長國沙門彌伽釋迦譯語

如是我聞：一時，佛在室羅筏城祇桓精舍，與大比丘衆千二百五十人俱，皆是無漏大阿羅漢。佛子住持善超諸有，能於國土成就威儀，從佛轉輪妙堪遺囑，嚴淨毘尼弘範三界，應身無量度脫衆生，拔濟未來越諸塵累，其名曰大智舍利弗、摩訶目乾連、摩訶拘絺羅、富樓那彌多羅尼子、須菩提、優波尼沙陀等而為上首。復有無量辟支無學并其初心同來佛所，屬諸比丘休夏自恣，十方菩薩諮決心疑，欽奉慈嚴將求密義。即時如來敷座宴安，為諸會中宣示深奧，法筵清衆得未曾有，迦陵仙音遍十方界，恒沙菩薩來聚道場，文殊師利而為上首。

時波斯匿王為其父王諱日營齋，請佛宮掖自迎如來，廣設珍羞無上妙味，兼復親延諸大菩薩。城中復有長者居士，同時飯僧佇佛來應。佛勅文殊分領菩薩及阿羅漢應諸齋主，唯有阿難先受別請，遠遊未還不遑僧次，既無上座及阿闍黎，途中獨歸其日無供。

即時阿難執持應器，於所遊城次第循乞，心中初求最後檀越以為齋主，無問淨穢刹利尊姓及旃陀羅，方行等慈不擇微賤，發意圓成一切衆生無量功德。阿難已知如來世尊，訶須菩提及大迦葉，為阿羅漢心不均平，欽仰如來開闡無遮度諸疑謗，經彼城隍徐步郭門，嚴整威儀肅恭齋法。

爾時阿難因乞食次經歷婬室，遭大幻術摩登伽女，以娑毘迦羅先梵天呪攝入婬席，婬躬撫摩將毀戒體。如來知彼婬術所加，齋畢旋歸，王及大臣、長者、居士，俱來隨佛願聞法要。于時世尊頂放百寶無畏光明，光中出生千葉寶蓮，有佛化身結跏趺坐，宣說神呪，勅文殊師利將呪往護，惡呪銷滅，提*獎阿難及摩登伽歸來佛所。阿難見佛頂禮悲泣，恨無始來一向多聞，未全道力，殷勤啟請十方如來得成菩提妙奢摩他、三摩、禪那最初方便。於時復有恒沙菩薩，及諸十方大阿羅漢、辟支佛等，俱願樂聞，退坐默然承受聖旨。

佛告阿難：「汝我同氣，情均天倫。當初發心，於我法中見何勝相，頓捨世間深重恩愛？」

阿難白佛：「我見如來三十二相勝妙殊絕，形體映徹猶如瑠璃，常自思惟此相非是欲愛所生。何以故？欲氣麁濁，腥臊交遘膿血雜亂，不能發生勝淨妙明紫金光聚。是以渴仰從佛剃落。」

佛言：「善哉！阿難！汝等當知一切衆生，從無始來生死相續，皆由不知常住真心性淨明體，用諸妄想，此想不真故有輪轉。汝今欲研無上菩提真發明性，應當直心詶我所問。十方如來同一道故，出離生死皆以直心，心言直故，如是乃至終始地位，中間永無諸委曲相。阿難！我今問汝，當汝發心緣於如來三十二相，將何所見？誰為愛樂？」

阿難白佛言：「世尊！如是愛樂用我心目，由目觀見如來勝相，心生愛樂，故我發心願捨生死。」

佛告阿難：「如汝所說，真所愛樂因于心目，若不識知心目所在，則不能得降伏塵勞。譬如國王為賊所侵，發兵討除，是兵要當知賊所在。使汝流轉，心目為咎。吾今問汝，唯心與目今何所在？」

阿難白佛言：「世尊！一切世間十種異生，同將識心居在身內，縱觀如來青蓮花眼亦在佛面。我今觀此浮根四塵秖在我面，如是識心實居身內。」

佛告阿難：「汝今現坐如來講堂，觀祇陀林今何所在？」

「世尊！此大重閣清淨講堂在給孤園，今祇陀林實在堂外。」

「阿難！汝今堂中先何所見？」

「世尊！我在堂中，先見如來，次觀大眾，如是外望方矚林園。」

「阿難！汝矚林園因何有見？」

「世尊！此大講堂戶牖開豁，故我在堂得遠瞻見。」

爾時世尊在大眾中，舒金色臂摩阿難頂，告示阿難及諸大眾：「有三摩提名大佛頂首楞嚴王，具足萬行，十方如來一門超出妙莊嚴路，汝今諦聽！」

阿難頂禮，伏受慈旨。佛告阿難：「如汝所言，身在講堂，戶牖開豁，遠矚林園。亦有眾生在此堂中，不見如來見堂外者？」

阿難答言：「世尊在堂，不見如來能見林泉，無有是處。」

「阿難！汝亦如是，汝之心靈一切明了，若汝現前所明了心實在身內，爾時先合了知內身。頗有眾生先見身中，後觀外物？縱不能見心肝脾胃、爪生髮長、筋轉脈搖，誠合明了，如何不知？必不內知，云何知外？是故應知，汝言覺了能知之心住在身內，無有是處。」

阿難稽首而白佛言：「我聞如來如是法音，悟知我心實居身外。所以者何？譬如燈光然於室中，是燈必能先照室內，從其室門後及庭際，一切眾生不見身中，獨見身外，亦如燈光居在室外不能照室，是義必明將無所惑，同佛了義得無妄耶？」

佛告阿難：「是諸比丘適來從我室羅筏城，循乞摶食歸祇陀林，我已宿齋，汝觀比丘，一人食時諸人飽不？」

阿難答言：「不也，世尊！何以故？是諸比丘雖阿羅漢，軀命不同，云何一人能令眾飽？」

佛告阿難：「若汝覺了知見之心實在身外，身心相外自不相干，則心所知身不能覺，覺在身際心不能知，我今示汝兜羅綿手，汝眼見時心分別不？」

阿難答言：「如是，世尊！」

佛告阿難：「若相知者，云何在外？是故應知，汝言覺了能知之心住在身外，無有是處。」

阿難白佛言：「世尊！如佛所言，不見內故，不居身內；身心相知不相離故，不在身外。我今思惟，知在一處。」

佛言：「處今何在？」

阿難言：「此了知心，既不知內而能見外，如我思忖潛伏根裏，猶如有人取瑠璃椀合其兩眼，雖有物合而不留礙，彼根隨見隨即分別。然我覺了能知之心不見內者，為在根故；分明矚外無障礙者，潛根內故。」

佛告阿難：「如汝所言，潛根內者，猶如瑠璃，彼人當以瑠璃籠眼，當見山河，見瑠璃不？」

「如是，世尊！是人當以瑠璃籠眼，實見瑠璃。」

佛告阿難：「汝心若同瑠璃合者，當見山河，何不見眼？若見眼者，眼即同境不得成隨。若不能見，云何說言此了知心潛在根內，如瑠璃合？是故應知，汝言覺了能知之心潛伏根裏如瑠璃合，無有是處。」

阿難白佛言：「世尊！我今又作如是思惟，是衆生身府藏在中，竅穴居外；有藏則暗，有竅則明。今我對佛開眼見明，名為見外；閉眼見暗，名為見內。是義云何？」

佛告阿難：「汝當閉眼見暗之時，此暗境界為與眼對？為不對眼？若與眼對，暗在眼前，云何成內？若成內者，居暗室中無日月燈，此室暗中皆汝焦府？若不對者，云何成見？若離外見，內對所成，合眼見暗名為身中，開眼見明何不見面？若不見面，內對不成。見面若成，此了知心及與眼根乃在虛空，何成在內？若在虛空，自非汝體，即應如來今見汝面，亦是汝身？汝眼已知身合非覺，必汝執言身眼兩覺應有二知，即汝一身應成兩佛？是故應知，汝言見暗名見內者，無有是處。」

阿難言：「我常聞佛開示四衆，由心生故種種法生，由法生故種種心生。我今思惟，即思惟體實我心性，隨所合處心則隨有，亦非內、外、中間三處。」

佛告阿難：「汝今說言由法生故種種心生，隨所合處心隨有者，是心無體則無所合，若無有體而能合者，則十九界因七塵合，是義不然。若有體者，如汝以手自挃其體，汝所知心為復內出？為從外入？若復內出，還見身中。若從外來，先合見面。」

阿難言：「見是其眼，心知非眼，為見非義。」

佛言：「若眼能見，汝在室中，門能見不？則諸已死尚有眼存，應皆見物，若見物者云何名死？阿難！又汝覺了能知之心若必有體，為復一體？為有多體？今在汝身，為復遍體？為不遍體？若一體者，則汝以手挃一*支時，四*支應覺；若咸覺者，挃應無在。若挃有所，則汝一體自不能成。若多體者，則成多人，何體為汝？若遍體者，同前所挃。若不遍者，當汝觸頭，亦觸其足，頭有所覺，足應無知，今汝不然。是故應知，隨所合處心則隨有，無有是處。」

阿難白佛言：「世尊！我亦聞佛與文殊等諸法王子談實相時，世尊亦言心不在內，亦不在外。如我思惟，內無所見，外不相知，內無知故，在內不成；身心相知，在外非義。今相知故，復內無見，當在中間。」

佛言：「汝言中間，中必不迷，非無所在。今汝推中，中何為在？為復在處？為當在身？若在身者，在邊非中，在中同內。若在處者，為有所表？為無所表？無表同無，表則無定。何以故？如人以表，表為中時，東看則西，南觀成北，表體既混，心應雜亂。」

阿難言：「我所說中，非此二種。如世尊言，眼色為緣，生於眼識。眼有分別，色塵無知，識生其中，則為心在。」

佛言：「汝心若在根塵之中，此之心體為復兼二？為不兼二？若兼二者，物體雜亂，物非體知，成敵兩立，云何為中？兼二不成，非知不知，即無體性，中何為相？是故應知，當在中間，無有是處。」

阿難白佛言：「世尊！我昔見佛與大目連、須菩提、富樓那、舍利弗四大弟子共轉法輪，常言覺知分別心性，既不在內，亦不在外，不在中間，俱無所在，一切無著，名之為心。則我無著，名為心不？」

佛告阿難：「汝言覺知分別心性俱無在者，世間虛空，水陸飛行諸所物象，名為一切，汝不著者，為在？為無？無則同於龜毛兔角，云何不著？有不著者，不可名無。無相則無，非無則相，相有則在，云何無著？是故應知，一切無著名覺知心，無有是處。」

爾時阿難在大眾中即從座起，偏袒右肩右膝著地，合掌恭敬而白佛言：「我是如來最小之弟，蒙佛慈愛，雖今出家猶恃憍憐，所以多聞未得無漏，不能折伏娑毘羅呪，為彼所轉溺於婬舍，當由不知真際所指，唯願世尊大慈哀愍，開示我等奢摩他路，令諸闡提隳彌戾車！」

作是語已五體投地，及諸大眾傾渴翹佇，欽聞示誨。

爾時世尊從其面門放種種光，其光晃耀如百千日，普佛世界六種震動，如是十方微塵國土一時開現，佛之威神令諸世界合成一界，其世界中所有一切諸大菩薩，皆住本國合掌承聽。

佛告阿難：「一切眾生從無始來種種顛倒，業種自然如惡叉聚，諸修行人不能得成無上菩提，乃至別成聲聞、緣覺，及成外道、諸天、魔王及魔眷屬，皆由不知二種根本，錯亂修習，猶如煮沙欲成嘉饌，縱經塵劫終不能得。云何二種？阿難！一者、無始生死根本，則汝今者與諸眾生，用攀緣心為自性者。二者、無始菩提涅槃元清淨體，則汝今者識精元明，能生諸緣緣所遺者。由諸眾生遺此本明，雖終日行而不自覺，枉入諸趣。阿難！汝今欲知奢摩他路，願出生死，今復問汝。」

即時如來舉金色臂，屈五輪指，語阿難言：「汝今見不？」

阿難言：「見。」

佛言：「汝何所見？」

阿難言：「我見如來舉臂屈指為光明拳，曜我心目。」

佛言：「汝將誰見？」

阿難言：「我與大眾同將眼見。」

佛告阿難：「汝今答我，如來屈指為光明拳，耀汝心目，汝目可見，以何為心，當我拳耀？」

阿難言：「如來現今徵心所在，而我以心推窮尋逐，即能推者我將為心。」

佛言：「咄！阿難！此非汝心。」

阿難矍然避座合掌，起立白佛：「此非我心，當名何等？」

佛告阿難：「此是前塵虛妄相想惑汝真性，由汝無始至于今生，認賊為子失汝元常，故受輪轉。」

阿難白佛言：「世尊！我佛寵弟，心愛佛故令我出家，我心何獨供養如來！乃至遍歷恒沙國土，承事諸佛及善知識，發大勇猛，行諸一切難行法事，皆用此心。縱令謗法永退善根，亦因此心。若此發明不是心者，我乃無心同諸土木，離此覺知更無所有。云何如來說此非心？我實驚怖，兼此大眾無不疑惑，唯垂大悲開示未悟。」

爾時世尊開示阿難及諸大眾，欲令心入無生法忍，於師子座摩阿難頂而告之言：「如來常說諸法所生，唯心所現。一切因果世界微塵，因心成體。阿難！若諸世界一切所有，其中乃至草葉縷結，詰其根元咸有體性，縱令虛空亦有名貌，何況清淨妙淨明心性一切心而自無體！若汝執悋分別覺觀所了知性必為心者，此心即應離諸一切色、香、味、觸諸塵事業別有全性。如汝今者承聽我法，此則因聲而有分別，縱滅一切見聞覺知，內守幽閑，猶為法塵分別影事。我非勅汝執為非心，但汝於心微細揣摩，若離前塵有分別性，即真汝心。若分別性離塵無體，斯則前塵分別影事。塵非常住，若變滅時，此心則同龜毛兔角，則汝法身同於斷滅，其誰修證無生法忍？」

即時阿難與諸大眾默然自失，佛告阿難：「世間一切諸修學人，現前雖成九次第定，不得漏盡成阿羅漢，皆由執此生死妄想誤為真實，是故汝今雖得多聞，不成聖果。」

阿難聞已重復悲淚，五體投地，長跪合掌而白佛言：「自我從佛發心出家，恃佛威神，常自思惟無勞我修，將謂如來惠我三昧。不知身心本不相代，失我本心，雖身出家心不入道，譬如窮子捨父逃逝。今日乃知雖有多聞，若不修行與不聞等，如人說食終不能飽。世尊！我等今者二障所纏，良由不知寂常心性，唯願如來哀愍窮露，發妙明心，開我道眼。」

即時如來從胸卍字涌出寶光，其光晃昱有百千色，十方微塵普佛世界一時周遍，遍灌十方所有寶剎諸如來頂，旋至阿難及諸大眾，告阿難言：「吾今為汝建大法幢，亦令十方一切眾生，獲妙微密性淨明心，得清淨眼。阿難！汝先答我見光明拳，此拳光明因何所有？云何成拳？汝將誰見？」

阿難言：「由佛全體閻浮檀金赩如寶山清淨所生，故有光明。我實眼觀五輪指端屈握示人，故有拳相。」

佛告阿難：「如來今日實言告汝，諸有智者要以譬喻而得開悟。阿難！譬如我拳，若無我手不成我拳，若無汝眼不成汝見，以汝眼根例我拳理，其義均不？」

阿難言：「唯然，世尊！既無我眼不成我見，以我眼根例如來拳，事義相類。」

佛告阿難：「汝言相類，是義不然。何以故？如無手人，拳畢竟滅；彼無眼者，非見全無。所以者何？汝試於途詢問盲人：『汝何所見？』彼諸盲人必來答汝：『我今眼前唯見黑暗，更無他矚。』以是義觀，前塵自暗，見何虧損？」

阿難言：「諸盲眼前唯覩黑暗，云何成見？」

佛告阿難：「諸盲無眼唯觀黑暗，與有眼人處於暗室，二黑有別？為無有別？」

「如是，世尊！此暗中人與彼群盲，二黑校量曾無有異。」

「阿難！若無眼人全見前黑，忽得眼光還於前塵見種種色，名眼見者；彼暗中人全見前黑，忽獲燈光亦於前塵見種種色，應名燈見。若燈見者，燈能有見自不名燈，又則燈觀何關汝事？是故當知，燈能顯色，如是見者是眼非燈，眼能顯色，如是見性是心非眼。」

阿難雖復得聞是言，與諸大衆口已默然，心未開悟，猶冀如來慈音宣示，合掌清心佇佛悲誨。

爾時世尊舒兜羅綿網相光手，開五輪指，誨勅阿難及諸大衆：「我初成道於鹿園中，為阿若多五比丘等及汝四衆，言一切衆生不成菩提及阿羅漢，皆由客塵煩惱所誤，汝等當時因何開悟，今成聖果？」

時憍陳那起立白佛：「我今長老於大衆中獨得解名，因悟客塵二字成果。世尊！譬如行客，投寄旅亭或宿或食，食宿事畢俶裝前途，不遑安住，若實主人自無攸往。如是思惟，不住名客，住名主人，以不住者名為客義。又如新霽，清暘昇天光入隙中，發明空中諸有塵相，塵質搖動，虛空寂然。如是思惟，澄寂名空，搖動名塵，以搖動者名為塵義。」

佛言：「如是。」

即時如來於大衆中屈五輪指，屈已復開，開已又屈，謂阿難言：「汝今何見？」

阿難言：「我見如來百寶輪掌，衆中開合。」

佛告阿難：「汝見我手衆中開合，為是我手有開有合？為復汝見有開有合？」

阿難言：「世尊！寶手衆中開合，我見如來手自開合，非我見性自開自合。」

佛言：「誰動？誰靜？」

阿難言：「佛手不住，而我見性尚無有靜，誰為無住？」

佛言：「如是。」

如來於是從輪掌中，飛一寶光在阿難右，即時阿難迴首右*盼；又放一光在阿難左，阿難又則迴首左*盼。佛告阿難：「汝頭今日何因搖動？」

阿難言：「我見如來出妙寶光來我左右，故左右觀，頭自搖動。」

「阿難！汝*盼佛光左右動頭，為汝頭動？為復見動？」

「世尊！我頭自動，而我見性尚無有止，誰為搖動？」

佛言：「如是。」

於是如來普告大眾：「若復眾生以搖動者名之為塵，以不住者名之為客，汝觀阿難頭自動搖，神無所動。又汝觀我手自開合，見無舒卷，云何汝今以動為身，以動為境？從始洎終念念生滅，遺失真性顛倒行事，性心失真認物為己，輪迴是中自取流轉。」

大佛頂⊙如來密因修證了義諸菩薩☆萬行首楞嚴經卷第一

大佛頂如來密因修證了義諸菩薩萬行首楞嚴經卷第二

一名中印度那蘭陀大道場經於灌頂部錄出別行

唐天竺沙門般剌蜜帝譯

爾時阿難及諸大衆，聞佛示誨身心泰然，念無始來失却本心，妄認緣塵分別影事，今日開悟，如失乳兒忽遇慈母，合掌禮佛，願聞如來顯出身心真妄虛實，現前生滅與不生滅，二發明性。

⊙時波斯匿王起立白佛：「我昔未承諸佛誨敕，見迦旃延毘羅胝子，咸言此身死後斷滅，名為涅槃。我雖值佛今猶狐疑，云何發揮證知此心不生滅地？*今此大眾諸有漏者，咸皆願聞。」

佛告大王：「汝身現存，今復問汝，汝此肉身為同金剛常住不朽，為復變壞？」

「世尊！我今此身終從變滅。」

佛言：「大王！汝未曾滅，云何知滅？」

「世尊！我此無常變壞之身雖未曾滅，我觀現前念念遷謝，新新不住，如火成灰漸漸銷殞，殞亡不息，決知此身當從滅盡。」

佛言：「如是，大王！汝今生齡已從衰老，顏貌何如童子之時？」

「世尊！我昔孩孺膚腠潤澤，年至長成血氣充滿，而今頹齡迫於衰耄，形色枯悴精神昏昧，髮白面皺逮將不久，如何見比充盛之時？」

佛言：「大王！汝之形容應不頓朽。」

王言：「世尊！變化密移我誠不覺，寒暑遷流漸至於此。何以故？我年二十，雖號年少，顏貌已老初十年時。三十之年，又衰二十。于今六十又過于二，觀五十時宛然強壯。世尊！我見密移雖此殂落，其間流易且限十年。若復令我微細思惟，其變寧唯一紀、二紀，實為年變！豈唯年變，亦兼月化！何直月化，兼又日遷！沈思諦觀，剎那剎那、念念之間不得停住，故知我身終從變滅。」

佛言：「大王！汝見變化遷改不停悟知汝滅，亦於滅時知汝身中有不滅耶？」

波斯匿王合掌白佛：「我實不知。」

佛言：「我今示汝不生滅性。大王！汝年幾時見恒河水？」

王言：「我生三歲，慈母携我謁耆婆天經過此流，爾時即知是恒河水。」

佛言：「大王！如汝所說，二十之時衰於十歲，乃至六十，日月歲時念念遷變，則汝三歲見此河時，至年十三其水云何？」

王言：「如三歲時宛然無異，乃至于今年六十二亦無有異。」

佛言：「汝今自傷髮白面皺，其面必定皺於童年，則汝今時觀此恒河，與昔童時觀河之見，有童耄不？」

王言：「不也，世尊！」

佛言：「大王！汝面雖皺，而此見精性未曾皺。皺者為變，不皺非變。變者受滅，彼不變者元無生滅，云何於中受汝生死？而猶引彼末伽梨等，都言此身死後全滅？」

王聞是言，信知身後捨生趣生，與諸大眾踊躍歡喜，得未曾有。阿難即從座起禮佛合掌，長跪白佛：「世尊！若此見聞必不生滅，云何世尊名我等輩遺失真性，顛倒行事？願興慈悲，洗我塵垢。」

即時如來垂金色臂，輪手下指，示阿難言：「汝今見我母陀羅手為正？為倒？」

阿難言：「世間眾生以此為倒，而我不知誰正？誰倒？」

佛告阿難：「若世間人以此為倒，即世間人將何為正？」

阿難言：「如來豎臂兜羅綿手，上指於空，則名為正。」

佛即豎臂告阿難言：「若此顛倒首尾相換，諸世間人一倍瞻視。則知汝身與諸如來清淨法身比類發明，如來之身名正遍知，汝等之身號性顛倒，隨汝諦觀汝身、佛身稱顛倒者，名字何處號為顛倒？」

于時阿難與諸大眾，瞪瞢瞻佛目精不瞬，不知身心顛倒所在。佛興慈悲，哀愍阿難及諸大眾，發海潮音遍告同會：「諸善男子！我常說言，色心諸緣，及心所使諸所緣法，唯心所現，汝身、汝心皆是妙明真精妙心中所現物，云何汝等遺失本妙圓妙明心寶明妙性，認悟中迷？晦昧為空，空晦暗中，結暗為色，色雜妄想，想相為身，聚緣內搖，趣外奔逸，昏擾擾相以為心性，一迷為心，決定惑為色身之內，不知色身外泊山河虛空大地，咸是妙明真心中物。譬如澄清百千大海，棄之唯認一浮漚體，目為全潮窮盡瀛渤。汝等即是迷中倍人，如我垂手等無差別，如來說為可憐愍者。」

阿難承佛悲救深誨，垂泣叉手而白佛言：「我雖承佛如是妙音，悟妙明心元所圓滿常住心地，而我悟佛現說法音，現以緣心允所瞻仰，徒獲此心，未敢認為本元心地。願佛哀愍宣示圓音，拔我疑根歸無上道。」

佛告阿難：「汝等尚以緣心聽法，此法亦緣非得法性，如人以手指月示人，彼人因指當應看月，若復觀指以為月體，此人豈唯亡失月輪，亦亡其指！何以故？以所標指為明月故。豈唯亡指，亦復不識明之與暗！何以故？即以指體為月明性，明暗二性無所了故。汝亦如是，若以分別我說法音為汝心者，此心自應離分別音有分別性。譬如有客寄宿旅亭，暫止便去，終不常住，而掌亭人都無所去，名為亭主。此亦如是，若真汝心則無所去，云何離聲無分別性？斯則豈唯聲分別心！分別我容，離諸色相無分別性，如是乃至分別都無，非色非空。拘舍離等昧為冥諦，離諸法緣無分別性，則汝心性各有所還，云何為主？」

阿難言：「若我心性各有所還，則如來說妙明元心云何無還？惟垂哀愍，為我宣說。」

佛告阿難：「且汝見我見精明元，此見雖非妙精明心，如第二月非是月影。汝應諦聽，今當示汝無所還地。阿難！此大講堂洞開東方，日輪昇天則有明耀，中夜黑月雲霧晦暝則復昏暗，戶牖之隙則復見通，牆宇之間則復觀擁，分別之處則復見緣，頑虛之中遍是空性，鬱垺之象則紆昏塵，澄霽斂氛又觀清淨。阿難！汝咸看此諸變化相，吾今各還本所因處。云何本因？阿難！此諸變化明還日輪。何以故？無日不明，明因屬日是故還日，暗還黑月，通還戶牖，擁還牆宇，緣還分別，頑虛還空，鬱㙬還塵，清明還霽，則諸世間一切所有不出斯類。汝見八種見精明性當欲誰還？何以故？若還於明，則不明時無復見暗，雖明暗等種種差別，見無差別。諸可還者自然非汝，不汝還者非汝而誰？則知汝心本妙明淨，汝自迷悶喪本受輪，於生死中常被漂溺，是故如來名可憐愍。」

阿難言：「我雖識此見性無還，云何得知是我真性？」

佛告阿難：「吾今問汝：今汝未得無漏清淨，承佛神力，見於初禪，得無障礙，而阿那律見閻浮提，如觀掌中菴摩羅果，諸菩薩等見百千界，十方如來窮盡微塵清淨國土無所不矚，眾生洞視不過分寸。阿難！且吾與汝觀四天王所住宮殿，中間遍覽水陸空行，雖有昏明種種形像，無非前塵分別留礙，汝應於此分別自他。今吾將汝擇於見中，誰是我體？誰為物象？阿難！極汝見源，從日月宮是物非汝，至七金山周遍諦觀，雖種種光亦物非汝。漸漸更觀雲騰鳥飛、風動塵起、樹木山川、草芥人畜，咸物非汝。阿難！是諸近遠諸有物性，雖復差殊，同汝見精清淨所矚，則諸物類自有差別，見性無殊。此精妙明誠汝見性，若見是物，則汝亦可見吾之見。若同見者名為見吾，吾不見時何不見吾不見之處？若見不見，自然非彼不見之相，若不見吾不見之地，自然非物，云何非汝？又則汝今見物之時，汝既見物，物亦見汝，體性紛雜，則汝與我并諸世間不成安立。阿難！若汝見時，是汝非我，見性周遍，非汝而誰？云何自疑汝之真性，性汝不真，取我求實？」

阿難白佛言：「世尊！若此見性必我非餘，我與如來觀四天王勝藏寶殿居日月宮，此見周圓遍娑婆國，退歸精舍，只見伽藍清心戶堂，但瞻簷廡。世尊！此見如是，其體本來周遍一界，今在室中唯滿一室，為復此見縮大為小？為當牆宇夾令斷絕？我今不知斯義所在，願垂弘慈，為我敷演。」

佛告阿難：「一切世間大小內外，諸所事業各屬前塵，不應說言見有舒縮。譬如方器中見方空，吾復問汝此方器中所見方空，為復定方？為不定方？若定方者，別安圓器，空應不圓。若不定者，在方器中，應無方空。汝言不知斯義所在，義性如是云何為在？阿難！若復欲令入無方圓，但除器方空體無方，不應說言更除虛空方相所在。若如汝問，入室之時縮見令小，仰觀日時，汝豈挽見齊於日面？若築牆宇能夾見斷，穿為小竇，寧無竇迹！是義不然。一切衆生從無始來迷己為物，失於本心為物所轉，故於是中觀大觀小，若能轉物則同如來，身心圓明不動道場，於一毛端遍能含受十方國土。」

阿難白佛言：「世尊！若此見精必我妙性，*今此妙性現在我前，見必我真，我今身心復是何物？而今身心分別有實，彼見無別分辨我身。若實我心令我今見，見性實我而身非我，何殊如來先所難言物能見我？惟垂大慈，開發未悟。」

佛告阿難：「今汝所言見在汝前，是義非實。若實汝前，汝實見者，則此見精既有方所，非無指示。且今與汝坐祇陀林，遍觀林渠及與殿堂，上至日月，前對恒河，汝今於我師子座前，舉手指陳是種種相。陰者是林，明者是日，礙者是壁，通者是空，如是乃至草樹纖毫，大小雖殊，但可有形無不指著。若必有見現在汝前，汝應以手確實指陳何者是見？阿難！當知若空是見，既已成見，何者是空？若物是見，既已是見，何者為物？汝可微細披剝萬象，析出精明淨妙見元，指陳示我，同彼諸物分明無惑。」

阿難言：「我今於此重閣講堂，遠洎恒河，上觀日月，舉手所指，縱目所觀，指皆是物，無是見者。世尊！如佛所說，況我有漏初學聲聞，乃至菩薩亦不能於萬物象前剖出精見，離一切物別有自性。」

佛言：「如是！如是！」

佛復告阿難：「如汝所言，無有精見離一切物別有自性，則汝所指是物之中，無是見者。今復告汝，汝與如來，坐祇陀林更觀林苑，乃至日月種種象殊，必無見精受汝所指，汝又發明此諸物中何者非見？」

阿難言：「我實遍見此祇陀林，不知是中何者非見。何以故？若樹非見，云何見樹？若樹即見，復云何樹？如是乃至若空非見，云何為空？若空即見，復云何空？我又思惟是萬象中，微細發明無非見者。」

佛言：「如是！如是！」

於是大眾非無學者聞佛此言，茫然不知是義終始，一時惶悚失其所守。如來知其魂慮變慴，心生憐愍，安慰阿難及諸大衆：「諸善男子！無上法王是真實語，如所如說，不誑不妄，非末伽梨四種不死矯亂論議。汝諦思惟，無忝哀慕。」

是時文殊師利法王子愍諸四衆，在大衆中即從座起，頂禮佛足，合掌恭敬而白佛言：「世尊！此諸大衆不悟如來發明二種精見色空、是非是義。世尊！若此前緣色空等象，若是見者應有所指，若非見者應無所矚，而今不知是義所歸，故有驚怖，非是疇昔善根輕尠。唯願如來大慈發明此諸物象，與此見精元是何物，於其中間無是非是。」

佛告文殊及諸大衆：「十方如來及大菩薩於其自住三摩地中，見與見緣并所想相，如虛空花，本無所有。此見及緣元是菩提妙淨明體，云何於中有是、非是？文殊！吾今問汝：如汝文殊更有文殊，是文殊者，為無文殊？」

「如是，世尊！我真文殊，無是文殊。何以故？若有是者，則二文殊，然我今日非無文殊，於中實無是非二相。」

佛言：「此見妙明與諸空塵亦復如是，本是妙明無上菩提淨圓真心，妄為色空及與聞見。如第二月，誰為是月？又誰非月？文殊！但一月真，中間自無是月非月。是以汝今觀見與塵，種種發明名為妄想，不能於中出是非是，由是精真妙覺明性，故能令汝出指非指。」

阿難白佛言：「世尊！誠如法王所說，覺緣遍十方界，湛然常住，性非生滅，與先梵志娑毘迦羅所談冥諦，及投灰等諸外道種，說有真我遍滿十方，有何差別？世尊亦曾於楞伽山，為大慧等敷演斯義，彼外道等常說自然，我說因緣，非彼境界。我今觀此覺性自然，非生非滅，遠離一切虛妄顛倒，似非因緣與彼自然，云何開示不入群邪，獲真實心妙覺明性？」

佛告阿難：「我今如是開示方便真實告汝，汝猶未悟，惑為自然。阿難！若必自然，自須甄明有自然體，汝且觀此妙明見中以何為自？此見為復以明為自？以暗為自？以空為自？以塞為自？阿難！若明為自，應不見暗。若復以空為自體者，應不見塞。如是乃至諸暗等相以為自者，則於明時見性斷滅，云何見明？」

阿難言：「必此妙見性非自然，我今發明是因緣性，心猶未明，諮詢如來，是義云何合因緣性?」

佛言:「汝言因緣,吾復問汝:汝今同見見性現前,此見為復因明有見?因暗有見?因空有見?因塞有見?阿難!若因明有,應不見暗;如因暗有,應不見明;如是乃至因空、因塞,同於明暗。復次,阿難!此見又復緣明有見?緣暗有見?緣空有見?緣塞有見?阿難!若緣空有,應不見塞;若緣塞有,應不見空;如是乃至緣明、緣暗,同於空塞。當知如是精覺妙明,非因、非緣,亦非自然、非不自然,無非、不非,無是、非是,離一切相,即一切法。汝今云何於中措心,以諸世間戲論名相而得分別?如以手掌撮摩虛空,只益自勞,虛空云何隨汝執捉?」

阿難白佛言:「世尊!必妙覺性非因、非緣。世尊!云何常與比丘宣說見性具四種緣?所謂因空、因明、因心、因眼,是義云何?」

佛言:「阿難!我說世間諸因緣相,非第一義。阿難!吾復問汝:諸世間人說我能見,云何名見?云何不見?」

阿難言：「世人因於日月燈光，見種種相，名之為見。若復無此三種光明，則不能見。」

「阿難！若無明時，名不見者，應不見暗；若必見暗，此但無明，云何無見？阿難！若在暗時，不見明故，名為不見。今在明時，不見暗相，還名不見。如是二相俱名不見，若復二相自相*陵奪，非汝見性於中暫無，如是則知二俱名見，云何不見？是故，阿難！汝今當知，見明之時，見非是明；見暗之時，見非是暗；見空之時，見非是空；見塞之時，見非是塞。四義成就。汝復應知，見見之時，見非是見；見猶離見，見不能及，云何復說因緣自然及和合相？汝等聲聞狹劣無識，不能通達清淨實相，吾今誨汝，當善思惟，無得疲怠妙菩提路。」

阿難白佛言：「世尊！如佛世尊為我等輩宣說因緣及與自然，諸和合相與不和合，心猶未開，而今更聞見見非見，重增迷悶。伏願弘慈，施大慧目，開示我等覺心明淨。」

作是語已，悲淚頂禮，承受聖旨。爾時世尊憐愍阿難及諸大眾，將欲敷演大陀羅尼諸三摩提妙修行路，告阿難言：「汝雖強記，但益多聞，於奢摩他微密觀照心猶未了。汝今諦聽，吾今為汝分別開示，亦令將來諸有漏者獲菩提果。阿難！一切眾生輪迴世間，由二顛倒分別見妄，當處發生，當業輪轉。云何二見？一者、眾生別業妄見，二者、眾生同分妄見。

「云何名為別業妄見？阿難！如世間人目有赤眚，夜見燈光，別有圓影五色重疊，於意云何？此夜燈明所現圓光，為是燈色？為當見色？阿難！此若燈色，則非眚人，何不同見？而此圓影唯眚之觀。若是見色，見已成色，則彼眚人見圓影者，名為何等？復次，阿難！若此圓影離燈別有，則合傍觀屏帳几筵有圓影出，離見別有，應非眼矚，云何眚人目見圓影？是故當知色實在燈，見病為影，影見俱眚，見眚非病，終不應言是燈是見，於是中有非燈非見，如第二月非體非影。何以故？第二之觀揑所成故。諸有智者不應說言此揑根元，是形非形，離見非見，此亦如是目眚所成，今欲名誰是燈是見，何況分別非燈非見？

「云何名為同分妄見？阿難！此閻浮提除大海水，中間平陸有三千洲，正中大洲東西括量，大國凡有二千三百，其餘小洲在諸海中，其間或有三兩百國，或一、或二，至于三十、四十、五十。阿難！若復此中有一小洲，只有兩國，唯一國人同感惡緣，則彼小洲當土眾生，覩諸一切不祥境界，或見二日，或見兩月，其中乃至暈蝕珮玦、彗勃飛流、負耳虹蜺種種惡相，但此國見，彼國眾生本所不見，亦復不聞。

「阿難！吾今為汝以此二事進退合明。阿難！如彼眾生別業妄見，矚燈光中所現圓影，雖現似境，終彼見者目眚所成，眚即見勞，非色所造，然見眚者終無見咎。例汝今日以目觀見山河、國土及諸眾生，皆是無始見病所成，見與見緣似現前境，元我覺明見所緣眚，覺見即眚，本覺明心，覺緣非眚，覺所覺眚，覺非眚中，此實見見，云何復名覺聞知見？是故汝今見我及汝并諸世間，十類眾生皆即見眚，非見眚者，彼見真精，性非眚者，故不名見。阿難！如彼眾生同分妄見，例彼妄見別業一人，一病目人同彼一國，彼見圓影眚妄所生，此眾同分所現不祥，同見業中瘴惡所起，俱是無始見妄所生。例閻浮提三千洲中，兼四大海娑婆世界，并洎十方諸有漏國及諸衆生，同是覺明無漏妙心，見聞覺知虛妄病緣，和合妄生，和合妄死。若能遠離諸和合緣及不和合，則復滅除諸生死因，圓滿菩提不生滅性，清淨本心，本覺常住。

「阿難！汝雖先悟本覺妙明，性非因緣，非自然性，而猶未明如是覺元非和合生及不和合。阿難！吾今復以前塵問汝：汝今猶以一切世間妄想和合諸因緣性而自疑惑，證菩提心和合起者，則汝今者妙淨見精，為與明和？為與闇和？為與通和？為與塞和？若明和者，且汝觀明，當明現前，何處雜見？見相可辨，雜何形像？若非見者，云何見明？若即見者，云何見見？必見圓滿，何處和明？若明圓滿，不合見和，見必異明，雜則失彼性明名字，雜失明性，和明非義。彼暗與通及諸群塞，亦復如是。

「復次，阿難！又汝今者妙淨見精，為與明合？為與暗合？為與通合？為與塞合？若明合者，至於暗時明相已滅，此見即不與諸暗合，云何見暗？若見暗時不與暗合，與明合者，應非見明。既不見明，云何明合，了明非暗？彼暗與通及諸群塞，亦復如是。」

阿難白佛言：「世尊！如我思惟此妙覺元，與諸緣塵及心念慮非和合耶？」

佛言：「汝今又言覺非和合。吾復問汝：此妙見精非和合者，為非明和？為非暗和？為非通和？為非塞和？若非明和，則見與明必有邊畔。汝且諦觀何處是明？何處是見？在見在明，自何為畔？阿難！若明際中必無見者則不相及，自不知其明相所在，畔云何成？彼暗與通及諸群塞，亦復如是。

「又妙見精非和合者，為非明合？為非暗合？為非通合？為非塞合？若非明合，則見與明性相乖角，如耳與明了不相觸，見且不知明相所在，云何甄明合非合理？彼暗與通及諸群塞，亦復如是。

「阿難！汝猶未明一切浮塵諸幻化相，當處出生隨處滅盡，幻妄稱相，其性真為妙覺明體。如是乃至五陰、六入，從十二處至十八界，因緣和合，虛妄有生；因緣別離，虛妄名滅。殊不能知生滅去來本如來藏，常住妙明，不動周圓妙真如性，性真常中求於去來，迷悟死生了無所得。

「阿難！云何五陰本如來藏妙真如性？阿難！譬如有人，以清淨目觀晴明空，唯一精虛迥無所有。其人無故不動目睛，瞪以發勞，則於虛空別見狂花，復有一切狂亂非相，色陰當知亦復如是。阿難！是諸狂花非從空來，非從目出。如是，阿難！若空來者，既從空來還從空入，若有出入即非虛空。空若非空，自不容其花相起滅，如阿難體不容阿難。若目出者，既從目出，還從目入，即此花性從目出故，當合有見。若有見者，去既花空，旋合見眼。若無見者，出既翳空，旋當翳眼。又見花時目應無翳，云何晴空號清明眼？是故當知色陰虛妄，本非因緣，非自然性。

「阿難！譬如有人，手足宴安百骸調適，忽如忘生性無違順，其人無故以二手掌於空相摩，於二手中妄生澁滑、冷熱諸相，受陰當知亦復如是。阿難！是諸幻觸，不從空來，不從掌出。如是，阿難！若空來者，既能觸掌，何不觸身？不應虛空選擇來觸。若從掌出，應非待合。又掌出故，合則掌知，離即觸入，臂腕、骨髓應亦覺知入時蹤跡，必有覺心知出知入，自有一物身中往來，何待合知要名為觸？是故當知受陰虛妄，本非因緣，非自然性。

「阿難！譬如有人談說醋梅口中水出，思踏懸崖足心酸澁，想陰當知亦復如是。阿難！如是醋說，不從梅生，非從口入。如是，阿難！若梅生者，梅合自談，何待人說？若從口入，自合口聞，何須待耳？若獨耳聞，此水何不耳中而出？想踏懸崖，與說相類。是故當知想陰虛妄，本非因緣，非自然性。

「阿難！譬如暴流，波浪相續，前際後際不相踰越，行陰當知亦復如是。阿難！如是流性，不因空生，不因水有，亦非水性，非離空水。如是，阿難！若因空生，則諸十方無盡虛空成無盡流，世界自然俱受淪溺。若因水有，則此暴流性應非水，有所有相今應現在。若即水性，則澄清時應非水體。若離空水，空非有外，水外無流。是故當知行陰虛妄，本非因緣，非自然性。

「阿難！譬如有人取頻伽瓶，塞其兩孔滿中擎空，千里遠行，用餉他國，識陰當知亦復如是。阿難！如是虛空，非彼方來，非此方入。如是，阿難！若彼方來，則本瓶中既貯空去，於本瓶地應少虛空。若此方入，開孔倒瓶，應見空出。

大佛頂如來密因修證了義諸菩薩萬行首楞嚴經卷第三

一名中印度那蘭陀大道場經於灌頂部錄出別行

唐天竺沙門般剌蜜帝譯

「復次，阿難！云何六入本如來藏妙真如性？阿難！即彼目精瞪發勞者，兼目與勞同是菩提瞪發勞相，因于明暗二種妄塵，發見居中吸此塵象名為見性，此見離彼明暗二塵，畢竟無體。如是，阿難！當知是見非明暗來，非於根出，不於空生。何以故？若從明來，暗即隨滅，應非見暗。若從暗來，明即隨滅，應無見明。若從根生，必無明暗，如是見精本無自性。若於空出，前矚塵象歸當見根，又空自觀何關汝入？是故當知眼入虛妄，本非因緣，非自然性。

「阿難！譬如有人以兩手指急塞其耳，耳根勞故頭中作聲，兼耳與勞同是菩提瞪發勞相，因于動靜二種妄塵，發聞居中吸此塵象名聽聞性，此聞離彼動靜二塵，畢竟無體。如是，阿難！當知是聞非動靜來，非於根出，不於空生。何以故？若從靜來，動即隨滅，應非聞動。若從動來，靜即隨滅，應無覺靜。若從根生，必無動靜，如是聞體本無自性。若於空出，有聞成性即非虛空，又空自聞何關汝入？是故當知耳入虛妄，本非因緣，非自然性。

「阿難！譬如有人急畜其鼻，畜久成勞，則於鼻中聞有冷觸，因觸分別通塞虛實，如是乃至諸香臭氣，兼鼻與勞同是菩提瞪發勞相，因于通塞二種妄塵，發聞居中吸此塵象名嗅聞性，此聞離彼通塞二塵，畢竟無體。當知是聞非通塞來，非於根出，不於空生。何以故？若從通來，塞自隨滅，云何知塞？如因塞有，通則無聞，云何發明香臭等觸？若從根生，必無通塞，如是聞體本無自性，若從空出，是聞自當迴嗅汝鼻，空自有聞何關汝入？是故當知鼻入虛妄，本非因緣，非自然性。

「阿難！譬如有人以舌舐吻，熟舐令勞，其人若病則有苦味，無病之人微有甜觸，由甜與苦，顯此舌根不動之時淡性常在，兼舌與勞同是菩提瞪發勞相，因甜苦淡二種妄塵，發知居中吸此塵象名知味性，此知味性離彼甜苦及淡二塵，畢竟無體。如是，阿難！當知如是嘗苦淡知，非甜苦來，非因淡有，又非根出，不於空生。何以故？若甜苦來，淡即知滅，云何知淡？若從淡出，甜即知亡，復云何知甜苦二相？若從舌生，必無甜淡及與苦塵，斯知味根本無自性。若於空出，虛空自味非汝口知，又空自知何關汝入？是故當知舌入虛妄，本非因緣，非自然性。

「阿難！譬如有人以一冷手觸於熱手，若冷勢多熱者從冷，若熱功勝冷者成熱，如是以此合覺之觸顯於離知，涉勢若成，因于勞觸，兼身與勞同是菩提瞪發勞相，因于離合二種妄塵，發覺居中吸此塵象名知覺性，此知覺體離彼離合違順二塵，畢竟無體。如是，阿難！當知是覺非離合來，非違順有，不於根出，又非空生。何以故？若合時來，離當已滅，云何覺離？違順二相，亦復如是。若從根出，必無離合違順四相，則汝身知元無自性，必於空出，空自知覺何關汝入？是故當知身入虛妄，本非因緣，非自然性。

「阿難！譬如有人勞倦則眠，睡熟便寤，覽塵斯憶，失憶為妄，是其顛倒生住異滅，吸習中歸不相踰越，稱意知根，兼意與勞同是菩提瞪發勞相，因于生滅二種妄塵，集知居中吸撮內塵，見聞逆流，流不及地，名覺知性。此覺知性離彼寤寐生滅二塵，畢竟無體。如是，阿難！當知如是覺知之根，非寤寐來，非生滅有，不於根出，亦非空生。何以故？若從寤來，寐即隨滅，將何為寐？必生時有，滅即同無，令誰受滅？若從滅有，生即滅無，孰知生者？若從根出，寤寐二相隨身開合，離斯二體，此覺知者同於空花，畢竟無性。若從空生，自是空知，何關汝入？是故當知意入虛妄，本非因緣，非自然性。

「復次，阿難！云何十二處本如來藏妙真如性？阿難！汝且觀此祇陀樹林及諸泉池，於意云何？此等為是色生眼見，眼生色相？阿難！若復眼根生色相者，見空非色，色性應銷，銷則顯發一切都無。色相既無，誰明空質？空亦如是，若復色塵生眼見者，觀空非色，見即銷亡，亡則都無，誰明空色？是故當知見與色空俱無處所，即色與見二處虛妄，本非因緣，非自然性。

「阿難！汝更聽此祇陀園中，食辦擊鼓，眾集撞鐘，鐘鼓音聲前後相續，於意云何？此等為是聲來耳邊，耳往聲處？阿難！若復此聲來於耳邊，如我乞食室羅筏城，在祇陀林則無有我，此聲必來阿難耳處，目連、迦葉應不俱聞，何況其中一千二百五十沙門，一聞鐘聲同來食處！若復汝耳往彼聲邊，如我歸住祇陀林中，在室羅城則無有我，汝聞鼓聲，其耳已往擊鼓之處，鐘聲齊出應不俱聞，何況其中象馬牛羊種種音響！若無來往，亦復無聞。是故當知聽與音聲，俱無處所，即聽與聲二處虛妄，本非因緣，非自然性。

「阿難！汝又嗅此鑪中栴檀，此香若復然於一銖，室羅筏城四十里內同時聞氣，於意云何？此香為復生栴檀木？生於汝鼻？為生於空？阿難！若復此香生於汝鼻，稱鼻所生，當從鼻出，鼻非栴檀，云何鼻中有栴檀氣？稱汝聞香，當於鼻入，鼻中出香，說聞非義。若生於空，空性常恒香應常在，何藉鑪中爇此枯木？若生於木，則此香質因爇成煙，若鼻得聞，合蒙煙氣，其煙騰空未及遙遠，四十里內云何已聞？是故當知香*鼻與聞俱無處所，即嗅與香二處虛妄，本非因緣，非自然性。

「阿難！汝常二時衆中持鉢，其間或遇酥酪醍醐，名為上味，於意云何？此味為復生於空中？生於舌中？為生食中？阿難！若復此味生於汝舌，在汝口中秖有一舌，其舌爾時已成酥味，遇黑石蜜應不推移。若不變移不名知味，若變移者舌非多體，云何多味一舌之知？若生於食，食非有識，云何自知？又食自知，即同他食，何預於汝名味之知？若生於空，汝噉虛空，當作何味？必其虛空，若作鹹味，既鹹汝舌，亦鹹汝面，則此界人同於海魚，既常受鹹，了不知淡，若不識淡，亦不覺鹹，必無所知，云何名味？是故當知味舌與嘗俱無處所，即嘗與味二俱虛妄，本非因緣，非自然性。

「阿難！汝常晨朝以手摩頭，於意云何？此摩所知，唯為能觸？能為在手？

為復在頭？若在於手，頭則無知，云何成觸？若在於頭，手則無用，云何名觸？若各各有，則汝阿難應有二身。若頭與手一觸所生，則手與頭當為一體。若一體者，觸則無成；若二體者，觸誰為在？在能非所，在所非能，不應虛空與汝成觸。是故當知覺觸與身俱無處所，即身與觸二俱虛妄，本非因緣，非自然性。

「阿難！汝常意中所緣善惡，無記三性生成法則，此法為復即心所生？為當離心別有方所？阿難！若即心者，法則非塵，非心所緣，云何成處？若離於心別有方所，則法自性為知、非知？知則名心，異汝非塵，同他心量。即汝即心，云何汝心更二於汝？若非知者，此塵既非色、聲、香、味、離、合、冷、煖及虛空相，當於何在？今於色空都無表示，不應人間更有空外，心非所緣，處從誰立？是故當知法則與心俱無處所，則意與法二俱虛妄，本非因緣，非自然性。

「復次，阿難！云何十八界本如來藏妙真如性？阿難！如汝所明，眼色為緣，生於眼識，此識為復因眼所生，以眼為界？因色所生，以色為界？阿難！若因眼生，既無色空，無可分別，縱有汝識欲將何用？汝見又非青黃赤白，無所表示，從何立界？若因色生，空無色時汝識應滅，云何識知是虛空性？若色變時，汝亦識其色相遷變，汝識不遷，界從何立？從變則變，界相自無，不變則恒，既從色生，應不識知虛空所在。若兼二種眼色共生，合則中離，離則兩合，體性雜亂云何成界？是故當知眼色為緣，生眼識界，三處都無，則眼與色及色界三，本非因緣，非自然性。

「阿難！又汝所明，耳聲為緣，生於耳識，此識為復因耳所生，以耳為界？因聲所生，以聲為界？阿難！若因耳生，動靜二相既不現前，根不成知，必無所知，知尚無成，識何形貌？若取耳聞，無動靜故，聞無所成，云何耳形雜色觸塵，名為識界？則耳識界復從誰立？若生於聲，識因聲有則不關聞，無聞則亡聲相所在，識從聲生，許聲因聞而有聲相，聞應聞識，不聞非界，聞則同聲，識已被聞，誰知聞識？若無知者終如草木，不應聲聞雜成中界，界無中位，則內外相復從何成？是故當知耳聲為緣，生耳識界，三處都無，則耳與聲及聲界三，本非因緣，非自然性。

「阿難！又汝所明，鼻香為緣，生於鼻識，此識為復因鼻所生，以鼻為界？因香所生，以香為界？阿難！若因鼻生，則汝心中以何為鼻？為取肉形雙爪之相？為取嗅知動搖之性？若取肉形，肉質乃身，身知即觸，名身非鼻，名觸即塵，鼻尚無名，云何立界？若取嗅知，又汝心中以何為知？以肉為知，則肉之知元觸非鼻。以空為知，空則自知，肉應非覺。如是則應虛空是汝，汝身非知，今日阿難應無所在。以香為知，知自屬香，何預於汝？若香臭氣必生汝鼻，則彼香臭二種流氣，不生伊蘭及栴檀木，二物不來，汝自嗅鼻，為香？為臭？臭則非香，香應非臭，若香臭二俱能聞者，則汝一人應有兩鼻，對我問道有二阿難，誰為汝體？若鼻是一，香臭無二，臭既為香，香復成臭，二性不有，界從誰立？若因香生，識因香有，如眼有見不能觀眼，因香有故應不知香。知則非生，不知非識，香非知有，香界不成，識不知香，因界則非從香建立。既無中間，不成內外，彼諸聞性畢竟虛妄。是故當知鼻香為緣，生鼻識界，三處都無，則鼻與香及香界三，本非因緣，非自然性。

「阿難！又汝所明，舌味為緣，生於舌識，此識為復因舌所生，以舌為界？因味所生，以味為界？阿難！若因舌生，則諸世間甘蔗、烏梅、黃連、石鹽、細辛、薑桂都無有味，汝自嘗舌，為甜？為苦？若舌性苦，誰來嘗舌？舌不自嘗，孰為知覺？舌性非苦，味自不生，云何立界？若因味生，識自為味，同於舌根，應不自嘗，云何識知是味、非味？又一切味非一物生，味既多生，識應多體。識體若一，體必味生，鹹淡甘辛和合俱生，諸變異相同為一味，應無分別。分別既無，則不名識，云何復名舌味識界？不應虛空生汝心識，舌味和合，即於是中元無自性，云何界生？是故當知舌味為緣，生舌識界，三處都無，則舌與味及舌界三，本非因緣，非自然性。

「阿難！又汝所明，身觸為緣，生於身識，此識為復因身所生，以身為界？因觸所生，以觸為界？阿難！若因身生，必無合離，二覺觀緣，身何所識？若因觸生，必無汝身，誰有非身知合離者？阿難！物不觸知，身知有觸，知身即觸，知觸即身，即觸非身，即身非觸，身觸二相元無處所，合身即為身自體性，離身即是虛空等相，內外不成，中云何立？中不復立，內外性空，即汝識生，從誰立界？是故當知身觸為緣，生身識界，三處都無，則身與觸及身界三，本非因緣，非自然性。

「阿難！又汝所明，意法為緣，生於意識，此識為復因意所生，以意為界？因法所生，以法為界？阿難！若因意生於汝意中，必有所思發明汝意，若無前法意無所生，離緣無形識將何用？又汝識心與諸思量，兼了別性，為同為異？同意即意云何所生？異意不同，應無所識，若無所識，云何意生？若有所識，云何識意？唯同與異，二性無成，界云何立？若因法生，世間諸法不離五塵，汝觀色法及諸聲法、香法、味法及與觸法，相狀分明以對五根，非意所攝，汝識決定依於法生，汝今諦觀法法何狀？若離色空動靜通塞合離生滅，越此諸相，終無所得。生則色空諸法等生，滅則色空諸法等滅。所因既無，因生有識，作何形相？相狀不有，界云何生？是故當知意法為緣，生意識界，三處都無，則意與法及意界三，本非因緣，非自然性。」

阿難白佛言：「世尊！如來常說和合因緣，一切世間種種變化，皆因四大和合發明，云何如來因緣、自然二俱排擯？我今不知斯義所屬，*唯垂哀愍，開示眾生中道了義無戲論法。」

爾時世尊告阿難言：「汝先厭離聲聞、緣覺諸小乘法，發心勤求無上菩提，故我今時為汝開示第一義諦，如何復將世間戲論、妄想因緣而自纏繞？汝雖多聞如說藥人，真藥現前不能分別，如來說為真可憐愍。汝今諦聽！吾當為汝分別開示，亦令當來修大乘者通達實相。」

阿難默然，承佛聖旨。

「阿難！如汝所言，四大和合，發明世間種種變化。阿難！若彼大性體非和合，則不能與諸大雜和，猶如虛空不和諸色。若和合者同於變化，始終相成，生滅相續，生死死生，生生死死，如旋火輪未有休息。阿難！如水成冰，冰還成水。汝觀地性，麁為大地，細為微塵，至隣虛塵，析彼極微色邊際相七分所成，更析隣虛即實空性。阿難！若此隣虛析成虛空，當知虛空出生色相。汝今問言：由和合故，出生世間諸變化相，汝且觀此一隣虛塵，用幾虛空和合而有？不應隣虛合成隣虛。又隣虛塵析入空者，用幾色相合成虛空？若色合時，合色非空；若空合時，合空非色。色猶可析，空云何合？汝元不知，如來藏中，性色真空，性空真色，清淨本然，周遍法界，隨衆生心，應所知量，循業發現，世間無知，惑為因緣及自然性，皆是識心分別計度，但有言說，都無實義。

「阿難！火性無我，寄於諸緣，汝觀城中未食之家欲炊爨時，手執陽燧，日前求火。阿難！名和合者，如我與汝一千二百五十比丘，今為一衆，衆雖為一，詰其根本各各有身，皆有所生氏族名字，如舍利弗婆羅門種、優盧頻螺迦葉波種，乃至阿難瞿曇種姓。阿難！若此火性因和合有，彼手執鏡於日求火，此火為從鏡中而出？為從艾出？為於日來？阿難！若日來者，自能燒汝手中之艾，來處林木皆應受焚。若鏡中出，自能於鏡出然于艾，鏡何不鎔？紆汝手執，尚無熱相，云何融泮？若生於艾，何藉日鏡光明相接然後火生？汝又諦觀，鏡因手執，日從天來，艾本地生，火從何方遊歷於此？日鏡相遠，非和非合，不應火光無從自有。汝猶不知，如來藏中，性火真空，性空真火，清淨本然，周遍法界，隨眾生心，應所知量。阿難！當知世人一處執鏡一處火生，遍法界執滿世間起，起遍世間，寧有方所？循業發現，世間無知，惑為因緣及自然性，皆是識心分別計度，但有言說，都無實義。

「阿難！水性不定，流息無恒，如室羅城迦毘羅仙、斫迦羅仙及鉢頭摩訶薩多等諸大幻師，求太陰精用和幻藥，是諸師等於白月晝，手執方諸承月中水。此水為復從珠中出？空中自有？為從月來？阿難！若從月來，尚能遠方令珠出水，所經林木皆應吐流，流則何待方珠所出？不流明水，非從月降。若從珠出，則此珠中常應流水，何待中宵承白月晝？若從空生，空性無邊，水當無際，從人洎天皆同陷溺，云何復有水陸空行？汝更諦觀月從天陟，珠因手持，承珠水盤本人敷設，水從何方流注於此？月珠相遠，非和非合，不應水精，無從自有。汝尚不知，如來藏中，性水真空，性空真水，清淨本然，周遍法界，隨眾生心，應所知量，一處執珠一處水出，遍法界執滿法界生，生滿世間，寧有方所？循業發現，世間無知，惑為因緣及自然性，皆是識心分別計度，但有言說，都無實義。

「阿難！風性無體動靜不常，汝常整衣入於大衆，僧伽梨角動及傍人，則有微風拂彼人面，此風為復出袈裟角？發於虛空？生彼人面？阿難！此風若復出袈裟角，汝乃披風，其衣飛搖，應離汝體。我今說法會中垂衣，汝看我衣，風何所在？不應衣中有藏風地。若生虛空，汝衣不動，何因無拂？空性常住，風應常生；若無風時，虛空當滅。滅風可見，滅空何狀？若有生滅，不名虛空，名為虛空，云何風出？若風自生彼拂之面，從彼面生，當應拂汝，自汝整衣，云何倒拂？汝審諦觀，整衣在汝，面屬彼人，虛空寂然不參流動，風自誰方鼓動來此？風空性隔，非和非合，不應風性無從自有。汝宛不知，如來藏中，性風真空，性空真風，清淨本然，周遍法界，隨衆生心，應所知量。阿難！如汝一人，微動服衣有微風出，遍法界拂滿國土生，周遍世間，寧有方所？循業發現，世間無知，惑為因緣及自然性，皆是識心分別計度，但有言說，都無實義。

「阿難！空性無形，因色顯發，如*室羅城，去河遙處，諸剎利種及婆羅門、毘舍首陀兼頗羅墮旃陀羅等，新立安居，鑿井求水，出土一尺，於中則有一尺虛空，如是乃至出土一丈，中間還得一丈虛空，空虛淺深隨出多少，此空為當因土所出？因鑿所有？無因自生？阿難！若復此空無因自生，未鑿土前，何不無礙？唯見大地迥無通達。若因土出，則土出時應見空入，若土先出，無空入者，云何虛空因土而出？若無出入，則應空土，元無異因，無異則同，則土出時，空何不出？若因鑿出，則鑿出空，應非出土。不因鑿出，鑿自出土，云何見空？汝更審諦，諦審諦觀，鑿從人手，隨方運轉，土因地移，如是虛空因何所出？鑿空虛實不相為用，非和非合，不應虛空無從自出。若此虛空性圓周遍，本不動搖，當知現前地、水、火、風，均名五大，性真圓融，皆如來藏，本無生滅。阿難！汝心昏迷，不悟四大元如來藏，當觀虛空為出？為入？為非出入？汝全不知，如來藏中，性覺真空，性空真覺，清淨本然，周遍法界，隨衆生心，應所知量。

「阿難！如一井空，空生一井，十方虛空亦復如是，圓滿十方，寧有方所？循業發現，世間無知，惑為因緣及自然性，皆是識心分別計度，但有言說，都無

「阿難！汝性沈淪，不悟汝之見聞覺知本如來藏，汝當觀此見聞覺知為生？為滅？為同？為異？為非生滅？為非同異？汝曾不知，如來藏中，性見覺明，覺精明見，清淨本然，周遍法界，隨衆生心，應所知量，如一見根，見周法界。聽、嗅、嘗、觸、覺觸、覺知，妙德瑩然，遍周法界，圓滿十虛，寧有方所？循業發現，世間無知，惑為因緣及自然性，皆是識心分別計度，但有言說，都無實義。

「阿難！識性無源，因於六種根塵妄出。汝今遍觀此會聖衆，用目循歷，其目周視，但如鏡中無別分析。汝識於中次第標指：此是文殊，此富樓那，此目乾連，此須菩提，此舍利弗。此識了知，為生於見？為生於相？為生虛空？為無所因，突然而出？阿難！若汝識性生於見中，如無明暗及與色空，四種必無，元無汝見，見性尚無，從何發識？若汝識性生於相中，不從見生，既不見明，亦不見暗，明暗不矚，即無色空，彼相尚無，識從何發？若生於空，非相非見，非見無辯，自不能知明暗色空，非相滅緣，見聞覺知無處安立，處此二非，空非同無，有非同物，縱發汝識，欲何分別？若無所因，突然而出，何不日中別識明月？汝更細詳微細詳審，見託汝睛相*推前境，可狀成有，不相成無，如是識緣因何所出？識動見澄，非和非合，聞聽覺知亦復如是，不應識緣無從自出。若此識心本無所從，當知了別見聞覺知，圓滿湛然，性非從所，兼彼虛空、地、水、火、風，均名七大，性真圓融，皆如來藏，本無生滅。

「阿難！汝心麁浮，不悟見聞發明了知本如來藏，汝應觀此六處識心，為同？為異？為空？為有？為非同異？為非空有？汝元不知，如來藏中，性識明知，覺明真識，妙覺湛然，遍周法界，含吐十虛，寧有方所？循業發現，世間無知，惑為因緣及自然性，皆是識心分別計度，但有言說，都無實義。」

爾時阿難及諸大眾蒙佛如來微妙開示，身心蕩然得無罣礙。是諸大眾，各各自知心遍十方，見十方空，如觀掌中所持葉物，一切世間諸所有物，皆即菩提妙明元心，心精遍圓含裹十方。反觀父母所生之身，猶彼十方虛空之中吹一微塵，若存若亡；如湛巨海流一浮漚，起滅無從。了然自知，獲本妙心，常住不滅。禮佛合掌，得未曾有，於如來前說偈讚佛：

妙湛總持不動尊，首楞嚴王世希有，銷我億劫顛倒想，不歷僧祇獲法身。
願今得果成寶王，還度如是恒沙衆，將此深心奉塵刹，是則名為報佛恩。
伏請世尊為證明，五濁惡世誓先入，如一衆生未成佛，終不於此取泥洹。
大雄大力大慈悲，希更審除微細惑，令我早登無上覺，於十方界坐道場。
舜若多性可*銷亡，爍迦囉心無動轉。

大佛頂⊙如來密因修證了義諸菩薩☆萬行首楞嚴經卷第三

大佛頂如來密因修證了義諸菩薩萬行首楞嚴經卷第四

一名中印度那蘭陀大道場經於灌頂部錄出別行

唐天竺沙門般剌蜜帝譯

爾時富樓那彌多羅尼子，在大眾中即從座起，偏袒右肩右膝著地，合掌恭敬而白佛言：「大威德世尊！善為眾生敷演如來第一義諦。世尊常推說法人中我為第一，今聞如來微妙法音，猶如聾人逾百步外聆於蚊蚋，本所不見，何況得聞！佛雖宣明令我除惑，今猶未詳斯義究竟無疑惑地。世尊！如阿難輩雖則開悟，習漏未除，我等會中登無漏者，雖盡諸漏，今聞如來所說法音，尚紆疑悔。世尊！

若復世間一切根塵陰處界等，皆如來藏，清淨本然，云何忽生山河大地諸有為相，次第遷流終而復始？又如來說地、水、火、風本性圓融，周遍法界，湛然常住。世尊！若地性遍，云何容水？水性周遍，火則不生，復云何明？水火二性俱遍虛空，不相*陵滅。世尊！地性障礙，空性虛通，云何二俱周遍法界？而我不知是義攸往，惟願如來宣流大慈，開我迷雲及諸大眾。」

作是語已，五體投地，欽渴如來無上慈誨。爾時世尊告富樓那及諸會中漏盡無學諸阿羅漢：「如來今日普為此會宣勝義中真勝義性，令汝會中定性聲聞，及諸一切未得二空，迴向上乘阿羅漢等，皆獲一乘寂滅場地，真阿練若正修行處。汝今諦聽，當為汝說。」

富樓那等欽佛法音，默然承聽。佛言：「富樓那！如汝所言，清淨本然，云何忽生山河大地？汝常不聞如來宣說性覺妙明，本覺明妙？」

富樓那言：「唯然，世尊！我常聞佛宣說斯義。」

佛言：「汝稱覺明，為復性明，稱名為覺？為覺不明，稱為明覺？」

富樓那言：「若此不明名為覺者，則無無明。」

佛言：「若無所明，則無明覺；有所非覺，無所非明。無明又非覺湛明性，性覺必明，妄為明覺，覺非所明，因明立所，所既妄立，生汝妄能。無同異中熾然成異，異彼所異，因異立同，同異發明，因此復立無同無異。如是擾亂，相待生勞，勞久發塵，自相渾濁，由是引起塵勞煩惱。起為世界，靜成虛空，虛空為同，世界為異，彼無同異真有為法。覺明空昧相待成搖，故有風輪執持世界，因空生搖，堅明立礙。彼金寶者，明覺立堅，故有金輪保持國土。堅覺寶成，搖明風出，風金相摩，故有火光為變化性。寶明生潤，火光上蒸，故有水輪含十方界。火騰水降，交發立堅，濕為巨海，乾為洲潬，以是義故，彼大海中火光常起，彼洲潬中江河常注。水勢劣火，結為高山，是故山石擊則成炎，融則成水。土勢劣水，抽為草木，是故林藪遇燒成土，因絞成水。交妄發生，遞相為種，以是因緣，世界相續。

「復次，富樓那！明妄非他，覺明為咎，所妄既立，明理不踰。以是因緣，聽不出聲，見不超色，色、香、味、觸六妄成就，由是分開見覺聞知。同業相纏，合離成化，見明色發，明見想成。異見成憎，同想成愛，流愛為種，納想為胎，交遘發生，吸引同業，故有因緣生羯囉藍、遏蒱曇等。胎、卵、濕、化隨其所應，卵唯想生，胎因情有，濕以合感，化以離應，情想合離更相變易，所有受業逐其飛沈，以是因緣眾生相續。

「富樓那！想愛同結，愛不能離，則諸世間父母、子孫相生不斷，是等則以欲貪為本，貪愛同滋，貪不能止。則諸世間卵、化、濕、胎，隨力強弱遞相吞食，是等則以殺貪為本，以人食羊，羊死為人，人死為羊，如是乃至十生之類，死死生生互來相噉，惡業俱生窮未來際。是等則以盜貪為本，汝負我命，我還債汝，以是因緣，經百千劫常在生死。汝愛我心，我憐汝色，以是因緣，經百千劫常在纏縛。唯殺、盜、婬三為根本，以是因緣業果相續。富樓那！如是三種顛倒相續，皆是覺明明了知性，因了發相從妄見生，山河大地諸有為相次第遷流，因此虛妄終而復始。」

富樓那言：「若此妙覺本妙覺明，與如來心不增不減，無狀忽生山河大地諸有為相，如來今得妙空明覺，山河大地有為習漏何當復生？」

佛告富樓那：「譬如迷人，於一聚落惑南為北，此迷為復因迷而有，因悟所出。」

富樓那言：「如是迷人，亦不因迷，又不因悟。何以故？迷本無根，云何因迷？悟非生迷，云何因悟？」

佛言：「彼之迷人正在迷時，倏有悟人指示令悟。富樓那！於意云何，此人縱迷，於此聚落更生迷不？」

「不也！世尊！」

「富樓那！十方如來亦復如是。此迷無本，性畢竟空，昔本無迷，似有迷覺，覺迷迷滅，覺不生迷。亦如瞖人見空中花，瞖病若除，華於空滅，忽有愚人，於彼空花所滅空地待花更生，汝觀是人為愚、為慧？」

富樓那言：「空元無花妄見生滅，見花滅空已是顛倒，勑令更出斯實狂癡，云何更名如是狂人為愚、為慧？」

佛言：「如汝所解，云何問言，諸佛如來妙覺明空，何當更出山河大地？又如金鑛雜於精金，其金一純更不成雜，如木成灰不重為木，諸佛如來菩提涅槃亦復如是。

「富樓那！又汝問言，地、水、火、風本性圓融，周遍法界，疑水火性不相*陵滅。又徵虛空及諸大地，俱遍法界，不合相容。富樓那！譬如虛空，體非群相，而不拒彼諸相發揮。所以者何？富樓那！彼太虛空，日照則明，雲屯則暗，風搖則動，霽澄則清，氣凝則濁，土積成霾，水澄成映，於意云何？如是殊方諸有為相，為因彼生？為復空有？若彼所生，富樓那！且日照時既是日明，十方世界同為日色，云何空中更見圓日？若是空明，空應自照，云何中宵雲霧之時，不生光耀？當知是明非日、非空，不異空日，觀相元妄無可指陳，猶邀空花結為空果，云何詰其相*陵滅義？觀性元真，唯妙覺明，妙覺明心，先非水火，云何復問不相容者？真妙覺明亦復如是，汝以空明則有空現，地、水、火、風各各發明則各各現，若俱發明則有俱現。云何俱現？富樓那！如一水中現於日影，兩人同觀水中之日，東西各行，則各有日隨二人去，一東一西，先無准的，不應難言，此日是一，云何各行？各日既雙，云何現一？宛轉虛妄，無可憑據。

「富樓那！汝以色空，相傾相奪於如來藏，而如來藏隨為色空，周遍法界，是故於中風動空澄，日明雲暗，衆生迷悶背覺合塵，故發塵勞有世間相。我以妙明不滅不生合如來藏，而如來藏唯妙覺明圓照法界，是故於中一為無量，無量為一，小中現大，大中現小，不動道場遍十方界，身含十方無盡虛空，於一毛端現寶王刹，坐微塵裏轉大法輪。滅塵合覺故，發真如妙覺明性，而如來藏本妙圓心，非心、非空、非地、非水、非風、非火，非眼，非耳、鼻、舌、身、意，非色，非聲、香、味、觸、法，非眼識界，如是乃至非意識界，非明、無明、明無明盡，如是乃至非老、非死、非老死盡，非苦、非集、非滅、非道，非智、非得，非檀那、非尸羅、非毘梨耶、非羼提、非禪那、非鉢刺若，非波羅蜜多，如是乃至非怛闥阿竭，非阿羅訶三耶三菩，非大涅槃，非常、非樂、非我、非淨。以是俱非世出世故，即如來藏元明心妙，即心、即空、即地、即水、即風、即火，即眼，即耳、鼻、舌、身、意，即色，即聲、香、味、觸、法，即眼識界，如是乃至即意識界，即明、無明、明無明盡，如是乃至即老、即死、即老死盡，即苦、即集、即滅、即道，即智、即得，即檀那、即尸羅、即毘梨耶、即羼提、即禪那、即鉢剌若，即波羅蜜多，如是乃至即怛闥阿竭，即阿羅訶三耶三菩，即大涅槃，即常、即樂、即我、即淨。以是即俱世出世故，即如來藏妙明心元，離即離非，是即非即。如何世間三有眾生，及出世間聲聞、緣覺，以所知心，測度如來無上菩提，用世語言入佛知見？譬如琴瑟、箜篌、琵琶，雖有妙音，若無妙指終不能發。汝與眾生亦復如是，寶覺真心各各圓滿，如我按指海印發光，汝暫舉心塵勞先起，由不勤求無上覺道，愛念小乘得少為足。」

富樓那言：「我與如來寶覺圓明，真妙淨心無二圓滿，而我昔遭無始妄想，久在輪迴，今得聖乘，猶未究竟。世尊！諸妄一切圓滅獨妙真常，敢問如來一切眾生何因有妄，自蔽妙明受此淪溺？」

佛告富樓那：「汝雖除疑，餘惑未盡。吾以世間現前諸事，今復問汝：汝豈不聞室羅城中演若達多，忽於晨朝以鏡照面，愛鏡中頭，眉目可見，瞋責己頭，不見面目，以為魑魅，無狀狂走？於意云何，此人何因無故狂走？」

富樓那言：「是人心狂，更無他故。」

佛言：「妙覺明圓，本圓明妙，既稱為妄，云何有因？若有所因，云何名妄？自諸妄想展轉相因，從迷積迷以歷塵劫，雖佛發明猶不能返。如是迷因，因迷自有，識迷無因，妄無所依，尚無有生，欲何為滅？得菩提者，如寤時人說夢中事，心縱精明，欲何因緣取夢中物？況復無因，本無所有。如彼城中演若達多，豈有因緣自怖頭走？忽然狂歇頭非外得，縱未歇狂亦何遺失？富樓那！妄性如是，因何為在？汝但不隨分別世間業果眾生三種相續，三緣斷故，三因不生，則汝心中演若達多狂性自歇，歇即菩提，勝淨明心本周法界，不從人得，何藉劬勞肯綮修證？譬如有人於自衣中繫如意珠，不自覺知。窮露他方乞食馳走，雖實貧窮珠不曾失。忽有智者指示其珠，所願從心致大饒富，方悟神珠非從外得。」

即時阿難在大眾中，頂禮佛足，起立白佛：「世尊現說殺、盜、婬業，三緣斷故，三因不生，心中達多狂性自歇，歇即菩提，不從人得。斯則因緣皎然明白，云何如來頓棄因緣？我從因緣，心得開悟。世尊！此義何獨我等年少有學聲聞，今此會中大目犍連及舍利弗須菩提等，從老梵志聞佛因緣，發心開悟得成無漏，今說菩提不從因緣，則王舍城拘舍梨等所說自然，成第一義。惟垂大悲，開發迷悶。」

佛告阿難：「即如城中演若達多，狂性因緣若得滅除，則不狂性自然而出，因緣自然理窮於是。阿難！演若達多頭本自然，本自其然，無然非自。何因緣故怖頭狂走？若自然頭，因緣故狂，何不自然，因緣故失？本頭不失，狂怖妄出，曾無變易，何藉因緣？本狂自然，本有狂怖，未狂之際，狂何所潛？不狂自然，頭本無妄，何為狂走？若悟本頭，識知狂走，因緣自然俱為戲論。是故我言，三緣斷故即菩提心，菩提心生，生滅心滅。此但生滅，滅生俱盡，無功用道。若有自然，如是則明自然心生，生滅心滅，此亦生滅。無生滅者，名為自然，猶如世間諸相雜和，成一體者名和合性，非和合者稱本然性。本然非然，和合非合，合然俱離，離合俱非，此句方名無戲論法。

「菩提涅槃尚在遙遠，非汝歷劫辛勤修證，雖復憶持十方如來十二部經清淨妙理，如恒河沙秖益戲論。汝雖談說因緣自然決定明了，人間稱汝多聞第一，以此積劫多聞熏習，不能免離摩登伽難。何因待我佛頂神咒，摩登伽心婬火頓歇，得阿那含，於我法中成精進林，愛河乾枯，令汝解脫？是故，阿難！汝雖歷劫憶持如來祕密妙嚴，不如一日修無漏業，遠離世間憎愛二苦，如摩登伽宿為婬女，由神咒力鎖其愛欲，法中今名性比丘尼，與羅睺羅母耶輸陀羅同悟宿因，知歷世因貪愛為苦，一念薰修無漏善故，或得出纏，或蒙授記，如何自欺尚留觀聽？」

阿難及諸大眾聞佛示誨，疑惑銷除心悟實相，身意輕安得未曾有。重復悲淚頂禮佛足，長跪合掌而白佛言：「無上大悲清淨寶王善開我心，能以如是種種因緣方便提獎，引諸沈冥出於苦海。世尊！我今雖承如是法音，知如來藏妙覺明心遍十方界，含育如來十方國土，清淨寶嚴妙覺王剎。如來復責多聞無功，不逮修習，我今猶如旅泊之人，忽蒙天王賜*與華屋，雖獲大宅要因門入，唯願如來不捨大悲，示我在會諸蒙暗者捐捨小乘，必獲如來無餘涅槃本發心路，令有學者，從何攝伏疇昔攀緣，得陀羅尼，入佛知見？」

作是語已，五體投地，在會一心佇佛慈旨。爾時世尊哀愍會中緣覺、聲聞，於菩提心未自在者，及為當來佛滅度後末法眾生發菩*提心，開無上乘妙修行路，宣示阿難及諸大眾：「汝等決定發菩提心，於佛如來妙三摩提不生疲惓，應當先明發覺初心二決定義。云何初心二義決定？阿難！第一義者，汝等若欲捐捨聲聞，修菩薩乘，入佛知見，應當審觀因地發心與果地覺，為同為異？阿難！若於因地，以生滅心為本修因，而求佛乘不生不滅，無有是處。以是義故，汝當照明諸器世間，可作之法皆從變滅。阿難！汝觀世間可作之法，誰為不壞？然終不聞爛壞虛空。何以故？空非可作，由是始終無壞滅故。則汝身中堅相為地，潤濕為水，煖觸為火，動搖為風，由此四纏，分汝湛圓妙覺明心，為視、為聽、為覺、為察，從始入終，五疊渾濁。云何為濁？阿難！譬如清水，清潔本然，即彼塵土灰沙之倫，本質留礙；二體法爾，性不相循。有世間人，取彼土塵投於淨水，土失留礙，水亡清潔，容貌汨然，明之為濁。汝濁五重，亦復如是。

「阿難！汝見虛空遍十方界，空見不分，有空無體，有見無覺，相織妄成，是第一重，名為劫濁。汝身現摶四大為體，見聞覺知壅令留礙，水火風土旋令覺知，相織妄成，是第二重，名為見濁。又汝心中憶識誦習，性發知見，容現六塵，離塵無相，離覺無性，相織妄成，是第三重，名煩惱濁。又汝朝夕生滅不停，知見每欲留於世間，業運每常遷於國土，相織妄成，是第四重，名眾生濁。汝等見聞元無異性，眾塵隔越，無狀異生，性中相知，用中相背，同異失準，相織妄成，是第五重，名為命濁。

「阿難！汝今欲令見聞覺知，遠契如來常樂我淨，應當先擇死生根本，依不生滅圓湛性成，以湛旋其虛妄滅生，伏還元覺，得元明覺無生滅性為因地心，然後圓成果地修證。如澄濁水貯於淨器，靜深不動，沙土自沈清水現前，名為初伏客塵煩惱。去泥純水，名為永斷根本無明，明相精純，一切變現不為煩惱，皆合涅槃清淨妙德。

「第二義者，汝等必欲發菩提心，於菩薩乘生大勇猛，決定棄捐諸有為相，應當審詳煩惱根本，此無始來發業潤生，誰作？誰受？阿難！汝修菩提，若不審觀煩惱根本，則不能知虛妄根塵何處顛倒？處尚不知，云何降伏，取如來位？阿難！汝觀世間解結之人，不見所結，云何知解？不聞虛空被汝隳裂，何以故？空無相形，無結解故。則汝現前眼、耳、鼻、舌及與身、心，六為賊媒自劫家寶，由此無始眾生世界生纏縛故，於器世間不能超越。

「阿難！云何名為眾生世界？世為遷流，界為方位，汝今當知東西南北、東南、西南、東北、西北、上下為界，過去、未來、現在為世。*方位☆有十，流數有三，一切眾生織妄相成，身中貿遷世界相涉，而此界性設雖十方，定位可明。世間祇目東西南北，上下無位，中無定方。四數必明，與世相涉，三四、四三，宛轉十二，流變三疊，一十百千，總括始終六根之中，各各功德有千二百。

「阿難！汝復於中克定優劣。如眼觀見，後暗前明，前方全明，後方全暗，左右傍觀三分之二，統論所作功德不全，三分言功，一分無德，當知眼唯八百功德。如耳周聽十方無遺，動若邇遙，靜無邊際，當知耳根圓滿一千二百功德。如鼻嗅聞通出入息，有出有入而闕中交，驗於耳根三分闕一，當知鼻唯八百功德。如舌宣揚盡諸世間出世間智，言有方分，理無窮盡，當知舌根圓滿一千二百功德。如身覺觸，識於違順，合時能覺，離中不知，離一合雙，驗於舌根，三分闕一，當知身唯八百功德。如意默容十方三世一切世間出世間法，惟聖與凡無不包容，盡其涯際，當知意根圓滿一千二百功德。

「阿難！汝今欲逆生死欲流，返窮流根至不生滅，當驗此等六受用根，誰合？誰離？誰深？誰淺？誰為圓通？誰不圓滿？若能於此悟圓通根，逆彼無始織妄業流，得循圓通，與不圓根日劫相倍，我今備顯六湛圓明，本所功德數量如是，隨汝詳擇其可入者，吾當發明令汝增進。十方如來於十八界，一一修行皆得圓滿無上菩提，於其中間亦無優劣。但汝下劣未能於中圓自在慧，故我宣揚，令汝但於一門深入，入一無妄，彼六知根一時清淨。」

阿難白佛言：「世尊！云何逆流深入一門，能令六根一時清淨？」

佛告阿難：「汝今已得須陀洹果，已滅三界眾生世間見所斷惑，然猶未知根中積生無始虛習，彼習要因修所斷得，何況此中生住異滅，分*齊頭數？今汝且觀現前六根，為一？為六？阿難！若言一者，耳何不見？目何不聞？頭奚不履？足奚無語？若此六根決定成六，如我今會與汝宣揚微妙法門，汝之六根誰來領受？」

阿難言：「我用耳聞。」

佛言：「汝耳自聞，何關身口？口來問義，身起欽承，是故應知非一終六，非六終一，終不汝根，元一元六。阿難！當知是根非一、非六，由無始來顛倒淪替，故於圓湛一六義生，汝須陀洹雖得六銷，猶未亡一。如太虛空參合群器，由器形異名之異空，除器觀空說空為一，彼太虛空云何為汝成同、不同？何況更名是一、非一？則汝了知六受用根亦復如是，由明暗等二種相形，於妙圓中粘湛發見，見精映色結色成根，根元目為清淨四大，因名眼體如蒲萄朵，浮根四塵流逸奔色。由動靜等二種相擊，於妙圓中粘湛發聽，聽精映聲卷聲成根，根元目為清淨四大，因名耳體如新卷葉，浮根四塵流逸奔聲。由通塞等二種相發，於妙圓中粘湛發嗅，嗅精映香納香成根，根元目為清淨四大，因名鼻體如雙垂爪，浮根四塵流逸奔香。由恬變等二種相參，於妙圓中粘湛發嘗，嘗精映味絞味成根，根元目為清淨四大，因名舌體如初偃月，浮根四塵流逸奔味。由離合等二種相摩，於妙圓中粘湛發覺，覺精映觸搏觸成根，根元目為清淨四大，因名身體如腰鼓顙，浮根四塵流逸奔觸。由生滅等二種相續，於妙圓中粘湛發知，知精映法覽法成根，根元目為清淨四大，因名意思如幽室見，浮根四塵流逸奔法。

「阿難！如是六根，由彼覺明，有明明覺，失彼精了，粘妄發光。是以汝今離暗、離明，無有見體；離動、離靜，元無聽質；無通、無塞，嗅性不生；非變、非恬，嘗無所出；不離、不合，覺觸本無；無滅、無生，了知安寄？汝但不循動、靜、合、離、恬、變、通、塞、生、滅、暗、明，如是十二諸有為相，隨拔一根脫粘內伏，伏歸元真發本明耀，耀性發明，諸餘五粘應拔圓脫，不由前塵所起知見，明不循根，寄根明發，由是六根互相為用。

「阿難！汝豈不知，今此會中阿那律陀無目而見，跋難陀龍無耳而聽，殑伽神女非鼻聞香，驕梵鉢提異舌知味，舜若多神無身有觸，如來光中映令暫現，既為風質其體元無。諸滅盡定得寂聲聞，如此會中摩訶迦葉，久滅意根圓明了知，不因心念。

「阿難！今汝諸根若圓拔已，內瑩發光，如是浮塵及器世間諸變化相，如湯銷氷，應念化成無上知覺。阿難！如彼世人聚見於眼，若令急合暗相現前，六根黯然，頭足相類，彼人以手循體外繞，彼雖不見頭足一辯，知覺是同。緣見因明，暗成無見，不明自發，則諸暗相永不能昏，根塵既銷，云何覺明不成圓妙？」

阿難白佛言：「世尊！如佛說言，因地覺心欲求常住，要與果位名目相應。世尊！如果位中菩提、涅槃、真如、佛性、菴摩羅識、空如來藏、大圓鏡智，是七種名稱謂雖別，清淨圓滿體性堅凝，如金剛王常住不壞。若此見聽離於暗明、動靜、通塞，畢竟無體，猶如念心離於前塵，本無所有，云何將此畢竟斷滅以為修因，欲獲如來七常住果？世尊！若離明暗，見畢竟空；如無前塵，念自性滅；

進退循環微細推求，本無我心及我心所，將誰立因求無上覺？如來先說湛精圓常，違越誠言，終成戲論！云何如來真實語者？惟垂大慈，開我蒙悋。」

佛告阿難：「汝學多聞，未盡諸漏。心中徒知顛倒所因，真倒現前實未能識！恐汝誠心猶未信伏，吾今試將塵俗諸事，當除汝疑。」

即時如來勅羅睺羅擊鍾一聲，問阿難言：「汝今聞不？」

阿難、大衆俱言：「我聞。」

鍾歇無聲，佛又問言：「汝今聞不？」

阿難、大衆俱言：「不聞。」

時羅睺羅又擊一聲，佛又問言：「汝今聞不？」

阿難、大衆又言：「俱聞。」

佛問阿難：「汝云何聞？云何不聞？」

阿難、大衆俱白佛言：「鍾聲若擊，則我得聞。擊久聲銷，音響雙絕，則名無聞。」

如來又勅羅睺擊鍾，問阿難言：「爾今聲不？」阿難、⊙大眾俱言：「有☆聲。」少選聲銷，佛又問言：「爾今聲不？」阿難、大眾答言：「無聲。」有頃，羅睺更來撞鍾，佛又問言：「爾今聲不？」阿難、大眾俱言：「有聲。」佛問阿難：「汝云何聲？云何無聲？」阿難、大眾俱白佛言：「鍾聲若擊，則名有聲。擊久聲銷，音響雙絕，則名無聲。」

佛語阿難及諸大眾：「汝今云何自語矯亂？」大眾、阿難俱時問佛：「我今云何名為矯亂？」佛言：「我問汝聞，汝則言聞；又問汝聲，汝則言聲。惟聞與聲，報答無定，如是云何不名矯亂？阿難！聲銷無響，汝說無聞。若實無聞，聞性已滅同于枯木，鍾聲更擊汝云何知？知有知無，自是聲塵或無或有，豈彼聞性為汝有無？聞實云無，誰知無者？

「是故，阿難！聲於聞中自有生滅，非為汝聞聲生聲滅，令汝聞性為有為無。汝尚顛倒惑聲為聞，何怪昏迷以常為斷！終不應言離諸動靜、閉塞、開通，說聞無性。如重睡人眠熟床枕，其家有人於彼睡時擣練舂米，其人夢中聞舂擣聲別作他物，或為擊鼓，或復撞鍾，即於夢時自怪其鍾為木石響。於時忽寤，遄知杵音，自告家人：『我正夢時，惑此舂音將為鼓響。』阿難！是人夢中，豈憶靜搖、開閉、通塞？其形雖寐聞性不昏，縱汝形銷命光遷謝，此性云何為汝銷滅？以諸眾生從無始來，循諸色聲逐念流轉，曾不開悟性淨妙常，不循所常逐諸生滅，由是生生雜染流轉。若棄生滅守於真常，常光現前，塵根識心應時銷落。想相為塵，識情為垢，二俱遠離，則汝法眼應時清明，云何不成無上知覺？」

大佛頂如來密因修證了義諸菩薩萬行首楞嚴經卷第四

大佛頂如來密因修證了義諸菩薩萬行首楞嚴經卷第五

一名中印度那蘭陀大道場經於灌頂部錄出別行

唐天竺沙門般剌蜜*帝譯

阿難白佛言：「世尊！如來雖說第二義門，今觀世間解結之人，若不知其所結之元，我信是人終不能解。世尊！我及會中有學聲聞亦復如是，從無始際，與諸無明俱滅俱生，雖得如是多聞善根，名為出家，猶隔日瘧。唯願大慈，哀愍淪溺。今日身心云何是結？從何名解？亦令未來苦難眾生得免輪迴，不落三有。」

作是語已，普及大眾五體投地，雨淚翹誠，佇佛如來無上開示。

爾時世尊憐愍阿難及諸會中諸有學者，亦為未來一切衆生，為出世因作將來眼，以閻浮檀紫光金手摩阿難頂。即時十方普佛世界六種振動，微塵如來住世界者，各有寶光從其頂出，其光同時於彼世界來祇陀林，灌如來頂。是諸大衆得未曾有，於是阿難及諸大衆，俱聞十方微塵如來，異口同音告阿難言：「善哉！阿難！汝欲識知俱生無明，使汝輪轉生死結根，唯汝六根更無他物。汝復欲知無上菩提，令汝速登安樂解脫、寂靜妙常，亦汝六根更非他物。」

阿難雖聞如是法音，心猶未明，稽首白佛：「云何令我生死輪迴，安樂妙常，同是六根，更非他物？」

佛告阿難：「根塵同源縛脫無二，識性虛妄猶如空花。阿難！由塵發知，因根有相，相見無性同於交蘆。是故汝今知見立知即無明本，知見無見斯即涅槃，無漏真淨，云何是中更容他物？」

爾時世尊欲重宣此義而說偈言：

真性有為空，　緣生故如幻；　無為無起滅，　不實如空花。

言妄顯諸真，妄真同二妄；猶非真非真，云何見所見？
中間無實性，是故若交蘆。結解同所因，聖凡無二路。
汝觀交中性，空有二俱非。迷晦即無明，發明便解脫。
解結因次第，六解一亦亡，根選擇圓通，入流成正覺。
陀那微細識，習氣成暴流；真非真恐迷，我常不開演。
自心取自心，非幻成幻法；不取無非幻，非幻尚不生，
幻法云何立？是名妙蓮華，金剛王寶覺。如幻三摩提，
彈指超無學。此阿毘達磨，十方薄伽梵，一路涅槃門。

於是阿難及諸大眾，聞佛如來無上慈誨祇夜伽陀，雜糅精瑩妙理清徹，心目開明歎未曾有！阿難合掌頂禮白佛：「我今聞佛無遮大悲，性淨妙常真實法句，心猶未達六解一亡舒結倫次。惟垂大慈，再愍斯會及與將來，施以法音洗滌沈垢。」

即時如來於師子座整涅槃僧，歛僧伽梨，覽七寶机，引手於机，取劫波羅天所奉花巾，於大眾前綰成一結，示阿難言：「此名何等？」

阿難、大衆俱白佛言：「此名為結。」

於是如來綰疊花巾，又成一結，重問阿難：「此名何等？」

阿難、大衆又白佛言：「此亦名結。」

如是倫次綰疊花巾，總成六結。一一結成，皆取手中所成之結，持問阿難：「此名何等？」

阿難、大衆亦復如是，次第酬佛：「此名為結。」

佛告阿難：「我初綰巾，汝名為結。此疊花巾，先實一條，第二、第三云何汝曹復名為結？」

阿難白佛言：「世尊！此寶疊花緝績成巾，雖本一體，如我思惟，如來一綰，得一結名；若百綰成，終名百結。何況此巾秖有六結，終不至七，亦不停五！云何如來秖許初時，第二、第三不名為結？」

佛告阿難：「此寶花巾，汝知此巾元止一條，我六綰時，名有六結。汝審觀察，巾體是同，因結有異。於意云何，初綰結成名為第一，如是乃至第六結生？

吾今欲將第六結名成第一不？」

「不也，世尊！六結若存，斯第六名終非第一。縱我歷生盡其明辯，如何令是六結亂名？」

佛言：「六結不同，循顧本因一巾所造，令其雜亂終不得成。則汝六根亦復如是，畢竟同中生畢竟異。」

佛告阿難：「汝必嫌此六結不成，願樂一成，復云何得？」

阿難言：「此結若存是非鋒起，於中自生，此結非彼，彼結非此。如來今日若總解除，結若不生則無彼此，尚不名一，六云何成？」

佛言：「六解一亡亦復如是。由汝無始心性狂亂，知見妄發，發妄不息勞見發塵，如勞目睛，則有狂花於湛精明，無因亂起。一切世間山河、大地、生死、涅槃，皆即狂勞顛倒花相。」

阿難言：「此勞同結，云何解除？」

如來以手將所結巾，偏掣其左，問阿難言：「如是解不？」

「不也，世尊！」

旋復以手偏牽右邊，又問阿難：「如是解不？」

「不也，世尊！」

佛告阿難：「吾今以手左右各牽竟不能解，汝設方便云何成解？」

阿難白佛言：「世尊！當於結心，解即分散。」

佛告阿難：「如是！如是！若欲除結，當於結心。阿難！我說佛法從因緣生，非取世間和合麁相。如來發明世出世法，知其本因隨所緣出，如是乃至恒沙界外，一滴之雨亦知頭數，現前種種松直棘曲、鵠白烏玄，皆了元由。是故，阿難！隨汝心中選擇六根，根結若除塵相自滅，諸妄銷亡不真何待？阿難！吾今問汝：此劫波羅巾六結現前，同時解縈得同除不？」

「不也，世尊！是結本以次第綰生，今日當須次第而解。六結同體結不同時，則結解時云何同除？」

佛言：「六根解除亦復如是。此根初解先得人空，空性圓明成法解脫，解脫法已俱空不生，是名菩薩從三摩地得無生忍。」

阿難及諸大衆蒙佛開示，慧覺圓通得無疑惑。一時合掌，頂禮雙足而白佛言：「我等今日，身心皎然，快得無礙。雖復悟知一六亡義，然猶未達圓通本根。世尊！我輩飄零積劫孤露，何心何慮預佛天倫，如失乳兒忽遇慈母？若復因此際會道成，所得密言還同本悟，則與未聞無有差別。惟垂大悲惠我祕嚴，成就如來最後開示。」

作是語已，五體投地，退藏密機冀佛冥授。爾時世尊普告衆中諸大菩薩及諸漏盡大阿羅漢：「汝等菩薩及阿羅漢，生我法中得成無學。吾今問汝最初發心悟十八界，誰為圓通？從何方便入三摩地？」

*憍陳那五比丘即從座起，頂禮佛足而白佛言：「我在鹿苑及於雞園，觀見如來最初成道，於佛音聲悟明四諦。佛問比丘，我初稱解，如來印我名阿若多，妙音密圓，我於音聲得阿羅漢。佛問圓通，如我所證，音聲為上。」

優波尼沙陀即從座起，頂禮佛足而白佛言：「我亦觀佛最初成道，觀不淨相生大厭離，悟諸色性以從不淨，白骨微塵歸於虛空，空色二無成無學道。如來印我名尼沙陀，塵色既盡妙色密圓，我從色相得阿羅漢。佛問圓通，如我所證，色因為上。」

香嚴童子即從座起，頂禮佛足而白佛言：「我聞如來教我諦觀諸有為相，我時辭佛宴晦清齋，見諸比丘燒沈水香，香氣寂然來入鼻中。我觀此氣非木、非空、非煙、非火，去無所著來無所從，由是意銷發明無漏。如來印我得香嚴號，塵氣倏滅妙香密圓，我從香嚴得阿羅漢。佛問圓通，如我所證，香嚴為上。」

藥王、藥上二法王子并在會中五百梵天即從座起，頂禮佛足而白佛言：「我無始劫為世良醫，口中嘗此娑婆世界草木、金石，名數凡有十萬八千，如是悉知苦、醋、鹹、淡、甘、辛等味，并諸和合俱生變異，是冷、是熱、有毒、無毒，悉能遍知。承事如來，了知味性非空、非有，非即身心、非離身心，分別味因，從是開悟。蒙佛如來印我昆季，藥王、藥上二菩薩名，今於會中為法王子，因味覺明位登菩薩。佛問圓通，如我所證，味因為上。」

跋陀婆羅并其同伴十六開士即從座起，頂禮佛足而白佛言：「我等先於威音王佛聞法出家，於浴僧時隨例入室。忽悟水因，既不洗塵亦不洗體，中間安然得無所有。宿習無忘乃至今時，從佛出家今得無學。彼佛名我跋陀婆羅，妙觸宣明成佛子住。佛問圓通，如我所證，觸因為上。」

摩訶迦葉及紫金光比丘尼等即從座起，頂禮佛足而白佛言：「我於往劫於此界中，有佛出世名日月燈，我得親近聞法修學，佛滅度後，供養舍利，然燈續明，以紫光金塗佛形像，自爾已來，世世生生身常圓滿紫金光聚。此紫金光比丘尼者，即我眷屬同時發心，我觀世間六塵變壞，唯以空寂修於滅盡，身心乃能度百千劫猶如彈指。我以空法成阿羅漢，世尊說我頭陀為最，妙法開明銷滅諸漏。佛問圓通，如我所證，法因為上。」

阿那律陀即從座起，頂禮佛足而白佛言：「我初出家常樂睡眠，如來訶我為畜生類。我聞佛訶啼泣自責，七日不眠失其雙目。世尊示我樂見照明金剛三昧，我不因眼觀見十方，精真洞然如觀掌果，如來印我成阿羅漢。佛問圓通，如我所證，旋見循元斯為第一。」

周利槃特迦即從座起，頂禮佛足而白佛言：「我闕誦持無多聞性，最初值佛聞法出家，憶持如來一句伽陀，於一百日，得前遺後，得後遺前。佛愍我愚，教我安居調出入息。我時觀息微細窮盡，生住異滅諸行剎那，其心豁然得大無礙，乃至漏盡成阿羅漢，住佛座下印成無學。佛問圓通，如我所證，返息循空斯為第一。」

*憍梵鉢提即從座起，頂禮佛足而白佛言：「我有口業，於過去劫輕弄沙門，世世生生有牛呞病。如來示我一味清淨心地法門，我得滅心入三摩地，觀味之知非體非物，應念得超世間諸漏。內脫身心外遺世界，遠離三有如鳥出籠，離垢銷塵法眼清淨，成阿羅漢，如來親印登無學道。佛問圓通，如我所證，還味旋知斯為第一。」

畢陵伽婆蹉即從座起，頂禮佛足而白佛言：「我初發心從佛入道，數聞如來說諸世間不可樂事。乞食城中，心思法門，不覺路中毒刺傷足，舉身疼痛。我念有知，知此深痛，雖覺覺痛，覺清淨心，無痛痛覺。我又思惟：如是一身，寧有雙覺？攝念未久身心忽空，三七日中諸漏虛盡，成阿羅漢，得親印記發明無學。佛問圓通，如我所證，純覺遺身斯為第一。」

須菩提即從座起，頂禮佛足而白佛言：「我曠劫來心得無礙，自憶受生如恒河沙，初在母胎即知空寂，如是乃至十方成空，亦令眾生證得空性。蒙如來發性覺真空，空性圓明，得阿羅漢，頓入如來寶明空海，同佛知見印成無學，解脫性空我為無上。佛問圓通，如我所證，諸相入非，非所非盡旋法歸無，斯為第一。」

舍利弗即從座起，頂禮佛足而白佛言：「我曠劫來心見清淨，如是受生如恒河沙，世出世間種種變化，一見則通獲無障礙。我於路中逢迦葉波，兄弟相逐宣說因緣，悟心無際從佛出家，見覺明圓得大無畏，成阿羅漢，為佛長子，從佛口生，從法化生。佛問圓通，如我所證，心見發光，光極知見，斯為第一。」

普賢菩薩即從座起，頂禮佛足而白佛言：「我已曾與恒沙如來為法王子，十方如來教其弟子菩薩根者，修普賢行，從我立名。世尊！我用心聞，分別眾生所有知見，若於他方恒沙界外，有一衆生心中發明普賢行者，我於爾時乘六牙象，分身百千皆至其處，縱彼障深未*得見我，我與其人暗中摩頂，擁護安慰令其成就。佛問圓通，我說本因，心聞發明分別自在，斯為第一。」

孫陀羅難陀即從座起，頂禮佛足而白佛言：「我初出家從佛入道，雖具戒律，於三摩提心常散動，未獲無漏。世尊教我及俱絺羅觀鼻端白，我初諦觀經三七日，見鼻中氣出入如煙，身心內明圓洞世界，遍成虛淨猶如瑠璃。煙相漸銷鼻息成白，心開漏盡，諸出入息化為光明照十方界，得阿羅漢，世尊記我當得菩提。佛問圓通，我以銷息息久發明，明圓滅漏，斯為第一。」

富樓那彌多羅尼子即從座起，頂禮佛足而白佛言：「我曠劫來辯才無礙，宣說苦空深達實相，如是乃至恒沙如來祕密法門，我於衆中微妙開示，得無所畏。世尊知我有大辯才，以音聲輪教我發揚，我於佛前助佛轉輪，因師子吼成阿羅漢，世尊印我說法無上。佛問圓通，我以法音降伏魔怨銷滅諸漏，斯為第一。」

優波離即從座起，頂禮佛足而白佛言：「我親隨佛踰城出家，親觀如來六年勤苦，親見如來降伏諸魔，制諸外道，解脫世間貪欲諸漏，承佛教戒，如是乃至三千威儀、八萬微細，性業、遮業悉皆清淨，身心寂滅，成阿羅漢。我是如來衆中綱紀，親印我心，持戒修身衆推無上。佛問圓通，我以執身身得自在，次第執心心得通達，然後身心一切通利，斯為第一。」

大目犍連即從座起，頂禮佛足而白佛言：「我初於路乞食，逢遇優樓頻螺、伽耶、那提三迦葉波，宣說如來因緣深義，我頓發心得大通達，如來惠我袈裟著身，鬚髮自落。我遊十方得無罣礙，神通發明推為無上，成阿羅漢。寧唯世尊，十方如來歎我神力，圓明清淨自在無畏。佛問圓通，我以旋湛心光發宣，如澄濁流久成清瑩，斯為第一。」

烏芻瑟摩於如來前，合掌頂禮佛之雙足而白佛言：「我常先憶久遠劫前性多貪欲，有佛出世名曰空王，說多婬人成猛火聚，教我遍觀百骸四*支，諸冷暖氣。神光內凝，化多婬心成智慧火，從是諸佛皆呼召我，名為火頭。我以火光三昧力故，成阿羅漢，心發大願：諸佛成道，我為力士親伏魔怨。佛問圓通，我以諦觀身心暖觸無礙流通，諸漏既銷生大寶焰，登無上覺，斯為第一。」

持地菩薩即從座起，頂禮佛足而白佛言：「我念往昔普光如來出現於世，我為比丘，常於一切要路津口田地險隘，有不如法妨損車馬，我皆平填。或作橋梁，或負沙土，如是勤苦，經無量佛出現於世。或有眾生於闤闠處要人擎物，我先為擎至其所詣，放物即行不取其直。毘舍浮佛現在世時，世多饑荒，我為負人，無問遠近唯取一錢。或有車牛被於陷溺，我有神力為其推輪，拔其苦惱。時國大王筵佛設齋，我於爾時平地待佛，毘舍如來摩頂謂我：『當平心地，則世界地一切皆平。』我即心開，見身微塵與造世界所有微塵等無差別，微塵自性不相觸摩，乃至刀兵亦無所觸。我於法性悟無生忍，成阿羅漢，迴心今入菩薩位中。聞諸如來宣妙蓮華佛知見地，我先證明而為上首。佛問圓通，我以諦觀身界二塵等無差別，本如來藏虛妄發塵，塵銷智圓成無上道，斯為第一。」

月光童子即從座起，頂禮佛足而白佛言：「我憶往昔恒河沙劫，有佛出世名為水天，教諸菩薩修習水*觀入三摩地。觀於身中水性無奪，初從涕唾，如是窮盡津液、精血、大小便利，身中漩澓、水性一同。見水身中與世界外，浮幢王剎、諸香水海等無差別。我於是時初成此觀，但見其水未得無身，當為比丘室中安禪。我有弟子窺窗觀室，唯見清水遍在屋中，了無所見。童稚無知，取一瓦礫投於水內，激水作聲顧盻而去。我出定後頓覺心痛，如舍利弗遭違害鬼。我自思惟：『今我已得阿羅漢道，久離病緣，云何今日忽生心痛，將無退失？』爾時童子捷來我前說如上事，我則告言：『汝更見水可即開門，入此水中除去瓦礫。』童子奉教，後入定時還復見水，瓦礫宛然開門除出。我後出定身質如初，逢無量佛，如是至於山海自在通王如來，方得亡身，與十方界諸香水海性合真空，無二無別。今於如來得童真名，預菩薩會。佛問圓通，我以水性一味流通，得無生忍圓滿菩提，斯為第一。」

瑠璃光法王子即從座起，頂禮佛足而白佛言：「我憶往昔經恒沙劫，有佛出世名無量聲，開示菩薩本覺妙明，觀此世界及眾生身皆是妄緣，風力所轉。我於爾時觀界安立，觀世動時，觀身動止，觀心動念，諸動無二等無差別。我時了覺此群動性，來無所從去無所至，十方微塵顛倒衆生同一虛妄。如是乃至三千大千一世界內所有衆生，如一器中貯百蚊蚋啾啾亂鳴，於分寸中鼓發狂鬧。逢佛未幾得無生忍，爾時心開乃見東方不動佛國，為法王子事十方佛，身心發光洞徹無礙。佛問圓通，我以觀察風力無依，悟菩提心入三摩地，合十方佛傳一妙心，斯為第一。」

虛空藏菩薩即從座起，頂禮佛足而白佛言：「我與如來，定光佛所得無邊身。爾時手執四大寶珠，照明十方微塵佛剎，化成虛空。又於自心現大圓鏡，內放十種微妙寶光，流灌十方盡虛空際，諸幢王剎來入鏡內，涉入我身，身同虛空，不相妨礙。身能善入微塵國土，廣行佛事得大隨順。此大神力，由我諦觀四大無依妄想生滅，虛空無二佛國本同，於同發明得無生忍。佛問圓通，我以觀察虛空無邊，入三摩地妙力圓明，斯為第一。」

彌勒菩薩即從座起，頂禮佛足而白佛言：「我憶往昔經微塵劫，有佛出世名日月燈明，我從彼佛而得出家，心重世名好遊族姓。爾時世尊教我修習唯心識定入三摩地，歷劫已來，以此三昧事恒沙佛，求世名心歇滅無有。至然燈佛出現於世，我乃得成無上妙圓識心三昧，乃至盡空如來國土淨穢有無，皆是我心變化所現。世尊！我了如是唯心識故，識性流出無量如來，今得授記次補佛處。佛問圓通，我以諦觀十方唯識，識心圓明入圓成實，遠離依他及遍計執，得無生忍，斯為第一。」

大勢至法王子與其同倫五十二菩薩即從座起，頂禮佛足而白佛言：「我憶往昔恒河沙劫，有佛出世名無量光，十二如來相繼一劫，其最後佛名超日月光，彼佛教我念佛三昧。譬如有人，一專為憶，一人專忘，如是二人，若逢不逢，或見非見，二人相憶，二憶念深，如是乃至從生至生，同於形影不相乖異。十方如來憐念眾生，如母憶子，若子逃逝，雖憶何為？子若憶母，如母憶時，母子歷生，不相違遠。若眾生心憶佛、念佛，現前當來必定見佛，去佛不遠，不假方便自得心開，如染香人身有香氣，此則名曰香光莊嚴。我本因地，以念佛心入無生忍，今於此界，攝念佛人歸於淨土。佛問圓通，我無選擇，都攝六根，淨念相繼，得

大佛頂如來密因修證了義諸菩薩萬行首楞嚴經卷第六

一名中印度那蘭陀大道場經於灌頂部錄出別行

唐天竺沙門般剌蜜帝譯

爾時觀世音菩薩即從座起，頂禮佛足而白佛言：「世尊！憶念我昔無數恒河沙劫，於時有佛出現於世，名觀世音。我於彼佛發菩提心，彼佛教我從聞、思、修入三摩地。初於聞中，入流亡所，所入既寂，動靜二相了然不生。如是漸增，聞所聞盡；盡聞不住，覺所覺空；空覺極圓，空所空滅；生滅既滅，寂滅現前。忽然超越世出世間，十方圓明，獲二殊勝。一者、上合十方諸佛本妙覺心，與佛如來同一慈力；二者、下合十方一切六道眾生，與諸眾生同一悲仰。

「世尊！由我供養觀音如來，蒙彼如來授我如幻聞薰聞修金剛三昧。與佛如來同慈力故，令我身成三十二應，入諸國土。世尊！若諸菩薩入三摩地，進修無漏，勝解現圓，我現佛身而為說法，令其解脫。若諸有學，寂靜妙明，勝妙現圓，我於彼前，現獨覺身而為說法，令其解脫。若諸有學，斷十二緣，緣斷勝性，勝妙現圓，我於彼前，現緣覺身而為說法，令其解脫。若諸有學，得四諦空，修道入滅，勝性現圓，我於彼前，現聲聞身而為說法，令其解脫。

「若諸眾生，欲心明悟，不犯欲塵，欲身清淨，我於彼前，現梵王身而為說法，令其解脫。若諸眾生，欲為天主，統領諸天，我於彼前，現帝釋身而為說法，令其成就。若諸眾生，欲身自在，遊行十方，我於彼前，現自在天身而為說法，令其成就。若諸眾生，欲身自在，飛行虛空，我於彼前，現大自在天身而為說法，令其成就。若諸眾生，愛統鬼神，救護國土，我於彼前，現天大將軍身而為說法，令其成就。若諸眾生，愛統世界，保護眾生，我於彼前，現四天王身而為說法，令其成就。若諸衆生，愛生天宮，驅使鬼神，我於彼前，現四天王國太子身而為說法，令其成就。

「若諸衆生，樂為人主，我於彼前，現人王身而為說法，令其成就。若諸衆生，愛主族姓，世間推讓，我於彼前，現長者身而為說法，令其成就。若諸衆生，愛談名言清淨*自居，我於彼前，現居士身而為說法，令其成就。若諸衆生，愛治國土，剖斷邦邑，我於彼前，現宰官身而為說法，令其成就。若諸衆生，愛諸數術，攝衞自居，我於彼前，現婆羅門身而為說法，令其成就。

「若有男子，好學出家，持諸戒律，我於彼前，現比丘身而為說法，令其成就。若有女子好學出家，持諸禁戒，我於彼前，現比丘尼身而為說法，令其成就。若有男子，樂持五戒，我於彼前，現優婆塞身而為說法，令其成就。若*有女子，五戒自居，我於彼前，現優婆夷身而為說法，令其成就。若有女人，內政立身，以修家國，我於彼前，現女主身及國夫人命婦大家而為說法，令其成就。若有衆生，不壞男根，我於彼前，現童男身而為說法，令其成就。若有處女，愛樂處身，不求侵暴，我於彼前，現童女身而為說法，令其成就。

「若有諸天，樂出天倫，我現天身而為說法，令其成就。若有諸龍，樂出龍倫，我現龍身而為說法，令其成就。若有藥叉，樂度本倫，我於彼前，現藥叉身而為說法，令其成就。若乾闥婆，樂脫其倫，我於彼前，現乾闥婆身而為說法，令其成就。若阿修羅，樂脫其倫，我於彼前，現阿修羅身而為說法，令其成就。若緊陀羅，樂脫其倫，我於彼前，現緊陀羅身而為說法，令其成就。若摩呼羅伽，樂脫其倫，我於彼前，現摩呼羅伽身而為說法，令其成就。若諸眾生，樂人修人，我現人身而為說法，令其成就。若諸非人，有形無形，有想無想，樂度其倫，我於彼前，皆現其身而為說法，令其成就。是名妙淨三十二應入國土身，皆以三昧聞薰聞修無作妙力，自在成就。

「世尊！我復以此聞薰聞修金剛三昧無作妙力，與諸十方三世六道一切眾生同悲仰故，令諸眾生於我身心，獲十四種無畏功德。一者、由我不自觀音以觀觀者，令彼十方苦惱眾生，觀其音聲即得解脫。二者、知見旋復，令諸眾生設入大火，火不能燒。三者、觀聽旋復，令諸衆生大水所漂，水不能溺。四者、斷滅妄想，心無殺害，令諸衆生入諸鬼國，鬼不能害。五者、薰聞成聞，六根銷復，同於聲聽，能令衆生臨當被害，刀段段壞，使其兵戈猶如割水，亦如吹光，性無搖動。六者、聞薰精明，明遍法界，則諸幽暗性不能全，能令衆生，藥叉、羅剎、鳩槃*茶鬼及毘舍遮、富單那等，雖近其傍，目不能視。七者、音性圓銷，觀聽返入，離諸塵妄，能令衆生，禁繫枷鎖所不能著。八者、滅音圓聞，遍生慈力，能令衆生經過嶮路，賊不能劫。九者、薰聞離塵，色所不劫，能令一切多婬衆生，遠離貪欲。十者、純音無塵，根境圓融，無對所對，能令一切忿恨衆生，離諸嗔恚。十一者、銷塵旋明，法界身心猶如瑠璃，朗徹無礙，能令一切昏鈍性障諸阿顛迦，永離癡暗。十二者、融形復聞，不動道場涉入世間，不壞世界能遍十方，供養微塵諸佛如來，各各佛邊為法王子，能令法界無子衆生，欲求男者，誕生福德智慧之男。十三者、六根圓通，明照無二，含十方界，立大圓鏡空如來藏，承順十方微塵如來祕密法門，受領無失，能令法界無子衆生，欲求女者，誕生端一一呪，其形其呪能以無畏施諸眾生，是故十方微塵國土，皆名我為施無畏者。三者、由我修習本妙圓通清淨本根，所遊世界，皆令眾生捨身珍寶，求我哀愍。四者、我得佛心，證於究竟，能以珍寶，種種供養十方如來，傍及法界六道眾生，求妻得妻，求子得子，求三昧得三昧，求長壽得長壽，如是乃至求大涅槃得大涅槃。

「佛問圓通，我從耳門圓照三昧，緣心自在，因入流相，得三摩提，成就菩提，斯為第一。世尊！彼佛如來歎我善得圓通法門，於大會中授記我為觀世音號，由我觀聽十方圓明，故觀音名遍十方界。」

爾時世尊於師子座，從其五體同放寶光，遠灌十方微塵如來及法王子諸菩薩頂。彼諸如來，亦於五體同放寶光，從微塵方來灌佛頂，并灌會中諸大菩薩及阿羅漢。林木、池沼皆演法音，交光相羅，如寶絲網。是諸大眾得未曾有，一切普獲金剛三昧。即時天雨百寶蓮華，青黃赤白間錯紛糅，十方虛空成七寶色。此娑婆界大地山河俱時不現，唯見十方微塵國土合成一界，梵唄詠歌自然數奏。

於是如來告文殊師利法王子：「汝今觀此二十五無學諸大菩薩及阿羅漢，各說最初成道方便，皆言修習真實圓通，彼等修行，實無優劣、前後差別。我今欲令阿難開悟，二十五行誰當其根？兼我滅後，此界眾生入菩薩乘，求無上道，何方便門得易成就？」

文殊師利法王子奉佛慈旨，即從座起，頂禮佛足，承佛威神，說偈對佛：

覺海性澄圓，圓澄覺元妙，元明照生所，所立照性亡。
迷妄有虛空，依空立世界，想澄成國土，知覺乃眾生。
空生大覺中，如海一漚發，有漏微塵國，皆從空所生。
漚滅空本無，況復諸三有？歸元性無二，方便有多門。
聖性無不通，順逆皆方便，初心入三昧，遲速不同倫。
色想結成塵，精了不能徹，如何不明徹，於是獲圓通。
音聲雜語言，但伊名句味，一非含一切，云何獲圓通？
香以合中知，離則元無有，不恒其所覺，云何獲圓通？

神通本宿因，何關法分別，念緣非離物，云何獲圓通？
若以地性觀，堅礙非通達，有為非聖性，云何獲圓通？
若以水性觀，想念非真實，如如非覺觀，云何獲圓通？
若以火性觀，厭有非真離，非初心方便，云何獲圓通？
若以風性觀，動寂非無對，對非無上覺，云何獲圓通？
若以空性觀，昏鈍先非覺，無覺異菩提，云何獲圓通？
若以識性觀，觀識非常住，存心乃虛妄，云何獲圓通？
諸行是無常，念性無生滅，因果今殊感，云何獲圓通？
我今白世尊：佛出娑婆界，此方真教體，清淨在音聞。
欲取三摩提，實以聞中入；離苦得解脫，良哉觀世音！
於恒沙劫中，入微塵佛國，得大自在力，無畏施眾生。
妙音觀世音，梵音海潮音，救世悉安寧，出世獲常住。
我今啟如來，如觀音所說，譬如人靜居，十方俱擊鼓，

寂照含虛空。 却來觀世間， 猶如夢中事， 摩登伽在夢，
誰能留汝形？ 如世巧幻師， 幻作諸男女， 雖見諸根動，
要以一機抽， 息機歸寂然， 諸幻成無性。 六根亦如是，
元依一精明， 分成六和合， 一處成休復， 六用皆不成，
塵垢應念銷， 成圓明淨妙。 餘塵尚諸學， 明極即如來。
大衆及阿難， 旋汝倒聞機， 反聞聞自性， 性成無上道，
圓通實如是。 此是微塵佛， 一路涅槃門， 過去諸如來，
斯門已成就； 現在諸菩薩， 今各入圓明； 未來修學人，
當依如是法； 我亦從中證， 非唯觀世音。 誠如佛世尊，
詢我諸方便， 以救諸末劫， 求出世間人， 成就涅槃心，
觀世音為最。 自餘諸方便， 皆是佛威神。 即事捨塵勞，
非是長修學， 淺深同說法。 頂禮如來藏， 無漏不思議，
願加被未來， 於此門無惑， 方便易成就。 堪以教阿難，

及末劫沈淪，　但以此根修，　圓通超餘者，　真實心如是。

於是阿難及諸大衆，身心了然得大開示，觀佛菩提及大涅槃，猶如有人因事遠遊未得歸還，明了其家所歸道路。普會大衆、天龍八部、有學二乘及諸一切新發心菩薩，其數凡有十恒河沙，皆得本心，遠塵離垢，獲法眼淨。性比丘尼聞說偈已，成阿羅漢。無量衆生，皆發無等等阿耨多羅三藐三菩提心。

阿難整衣服，望大衆中合掌頂禮，心迹圓明悲欣交集。欲益未來諸衆生故，稽首白佛：「大悲世尊！我今已悟成佛法門，是中修行得無疑惑。常聞如來說如是言：『自未得度先度人者，菩薩發心。自覺已圓能覺他者，如來應世。』我雖未度，願度末劫一切衆生。世尊！此諸衆生去佛漸遠，邪師說法如恒河沙，欲攝其心入三摩地，云何令其安立道場遠諸魔事，於菩提心得無退屈？」

爾時世尊於大衆中稱讚阿難：「善哉！善哉！如汝所問安立道場，救護衆生末劫沈溺，汝今諦聽！當為汝說。」

阿難、大衆唯然奉教，佛告阿難：「汝常聞我毘奈耶中，宣說修行三決定義。所謂攝心為戒，因戒生定，因定發慧，是則名為三無漏學。阿難！云何攝心我名為戒？若諸世界六道衆生其心不婬，則不隨其生死相續。汝修三昧本出塵勞，婬心不除塵不可出。縱有多智，禪定現前，如不斷婬必落魔道。上品魔王、中品魔民、下品魔女，彼等諸魔亦有徒衆，各各自謂成無上道。我滅度後末法之中，多此魔民熾盛世間，廣行貪婬，為善知識，令諸衆生落愛見坑，失菩提路。汝教世人修三摩地，先斷心婬，是名如來先佛世尊第一決定清淨明誨。是故，阿難！若不斷婬修禪定者，如蒸沙石欲其成飯，經百千劫秖名熱沙。何以故？此非飯本，石沙成故。汝以婬身求佛妙果，縱得妙悟皆是婬根。根本成婬，輪轉三途必不能出，如來涅槃何路修證？必使婬機身心俱斷，斷性亦無，於佛菩提斯可希冀。如我此說名為佛說，不如此說即波旬說。

「阿難！又諸世界六道衆生其心不殺，則不隨其生死相續。汝修三昧本出塵勞，殺心不除塵不可出。縱有多智，禪定現前，如不斷殺必落神道。上品之人為大力鬼，中品即為飛行夜叉、諸鬼帥等，下品*當為地行羅剎，彼諸鬼神亦有徒勞，偷心不除塵不可出。縱有多智，禪定現前，如不斷偷必落邪道。上品精靈、中品妖魅、下品邪人，諸魅所著，彼等群邪亦有徒眾，各各自謂成無上道。我滅度後末法之中，多此妖邪熾盛世間，潛匿姦欺，稱善知識，各自謂已得上人法，誸惑無識恐令失心，所過之處其家耗散。我教比丘循方乞食，令其捨貪成菩薩道。諸比丘等不自熟食，寄於殘生旅泊三界，示一往還去已無返。云何賊人假我衣服，裨販如來造種種業，皆言佛法却非出家？具戒比丘為小乘道，由是疑誤無量眾生，墮無間獄。若我滅後，其有比丘發心決定修三摩提，能於如來形像之前，身然一燈，燒一指節及於身上爇一香炷，我說是人無始宿債一時酬畢，長揖世間永脫諸漏。雖未即明無上覺路，是人於法已決定心。若不為此捨身微因，縱成無為，必還生人酬其宿債，如我馬麥正等無異。汝教世人修三摩地，後斷偷盜，是名如來先佛世尊第三決定清淨明誨。是故，阿難！若不斷偷修禪定者，譬如有人，水灌漏巵欲求其滿，縱經塵劫終無平復。若諸比丘，衣鉢之餘分寸不畜，乞食餘分施餓眾生，於大集會合掌禮眾，有人捶罵同於稱讚。必使身、心二俱捐捨，身肉、骨血與眾生共，不將如來不了義說，迴為已解以誤初學，佛印是人得真三昧。如我所說名為佛說，不如此說即波旬說。

「阿難！如是世界六道眾生，雖則身心無殺、盜、婬，三行已圓。若大妄語，即三摩提不得清淨，成愛見魔，失如來種。所謂未得謂得，未證言證，或求世間尊勝第一，謂前人言：我今已得須陀洹果、斯陀含果、阿那含果、阿羅漢道、辟支佛乘、十地地前諸位菩薩，求彼禮懺，貪其供養。是一顛迦，銷滅佛種，如人以刀斷多羅木，佛記是人永殞善根，無復知見，沈三苦海，不成三昧。我滅度後，勅諸菩薩及阿羅漢，應身生彼末法之中，作種種形度諸輪轉。或作沙門、白衣居士，人王、宰官、童男、童女，如是乃至婬女、寡婦、姦偷、屠販，與其同事稱歎佛乘，令其身心入三摩地，終不自言：我真菩薩，真阿羅漢。泄佛密因，輕言未學。唯除命終，陰有遺付。云何是人惑亂眾生，成大妄語？汝教世人修三摩地，後復斷除諸大妄語，是名如來先佛世尊第四決定清淨明誨。是故，阿難！若不斷其大妄語者，如刻人糞為栴檀形，欲求香氣，無有是處。我教比丘直心道

大佛頂如來密因修證了義諸菩薩萬行首楞嚴經卷第七

一名中印度那蘭陀大道場經於灌頂部錄出別行

唐天竺沙門般剌蜜*帝譯

「阿難！汝問攝心，我今先說入三摩地修學妙門。求菩薩道，要先持此四種律儀，皎如氷霜，自不能生一切枝葉。心三口四，生必無因。阿難！如是四事，若不失遺，心尚不緣色、香、味、觸，一切魔事云何發生？若有宿習不能滅除，汝教是人，一心誦我佛頂光明摩訶薩怛多般怛囉無上神呪。斯是如來無見頂相無為心佛，從頂發輝坐寶蓮華所說心呪。且汝宿世與摩登伽，歷劫因緣恩愛習氣，非是一生及與一劫，我一宣揚愛心永脫，成阿羅漢。彼尚婬女無心修行，神力冥資速證無學。云何汝等在會聲聞，求最上乘決定成佛，譬如以塵揚于順風，有何艱險？若有末世欲坐道場，先持比丘清淨禁戒，要當選擇戒清淨者，第一沙門以為其師，若其不遇真清淨僧，汝戒律儀必不成就。戒成已後，著新淨衣然香閑居，誦此心佛所說神呪一百八遍，然後結界建立道場，求於十方現住國土無上如來，放大悲光來灌其頂。阿難！如是末世清淨比丘，若比丘尼、白衣檀越，心滅貪婬持佛淨戒，於道場中發菩薩願，出入澡浴六時行道。如是不寐經三七日，我自現身至其人前，摩頂安慰令其開悟。」

阿難白佛言：「世尊！我蒙如來無上悲誨，心已開悟，自知修證無學道成。末法修行建立道場，云何結界，合佛世尊清淨軌則？」

佛告阿難：「若末世人願立道場，先取雪山大力白牛，食其山中肥膩香草，此牛唯飲雪山清水，其糞微細，可取其糞和合栴檀，以泥其地。若非雪山，其牛臭穢不堪塗地。別於平原，穿去地皮五尺已下，取其黃土，和上栴檀、沈水、蘇合、薰陸、欝金、白膠、青木、零陵、甘松及雞舌香，以此十種細羅為粉，合土成泥以塗場地。方圓丈六，為八角壇，壇心置一金銀銅木所造蓮華。華中安鉢，鉢中先盛八月露水，水中隨安所有華葉。取八圓鏡各安其方，圍繞花鉢。鏡外建立十六蓮華，十六香鑪間花鋪設，莊嚴香鑪純燒沈水，無令見火。取白牛乳置十六器，乳為煎餅，并諸沙糖、油餅、乳糜、酥合、蜜薑、純酥、純蜜及諸菓子、飲食、葡萄、石蜜種種上妙等食，於蓮華外各各十六，圍繞華外以奉諸佛及大菩薩。每以食時，若在中夜，取蜜半升用酥三合，壇前別安一小火鑪，以兜樓婆香煎取香水，沐浴其炭然令猛熾，投是酥蜜於炎爐內，燒令煙盡饗佛菩薩。

「令其四外遍懸幡華，於壇室中，四壁敷設十方如來，及諸菩薩所有形像。應於當陽，張盧舍那、釋迦、彌勒、阿閦、彌陀，諸大變化觀音形像，兼金剛藏安其左右。帝釋梵王、烏芻瑟摩，并藍地迦、諸軍茶利，與毘俱知四天王等，頻那、夜迦，張於門側左右安置。又取八鏡覆懸虛空，與壇場中所安之鏡方面相對，使其形影重重相涉。

「於初七日中，至誠頂禮十方如來，諸大菩薩及阿羅漢。恒於六時誦呪繞壇，至心行道，一時常行一百八遍。第二七中，一向專心發菩薩願，心無間斷，我毘奈耶先有願教。第三七中，於十二時，一向持佛般怛羅呪。至第四七日，十方如來一時出現，鏡交光處，承佛摩頂，即於道場修三摩地，能令如是末世修學，身心明淨猶如瑠璃。

「阿難！若此比丘本受戒師，及同會中十比丘等，其中有一不清淨者，如是道場多不成就。從三七後端坐安居經一百日，有利根者不起于座得須陀洹，縱其身心聖果未成，決定自知成佛不謬。汝問道場建立如是。」

阿難頂禮佛足而白佛言：「自我出家恃佛憍愛，求多聞故未證無為。遭彼梵天邪術所禁，心雖明了力不自由，賴遇文殊令我解脫。雖蒙如來佛頂神呪，冥獲其力，尚未親聞。唯願大慈，重為宣說，悲救此會諸修行輩，末及當來在輪迴者，承佛密音身意解脫。」

于時會中一切大衆普皆作禮，佇聞如來祕密章句。

爾時世尊從肉髻中涌百寶光，光中涌出千葉寶蓮，有化如來坐寶華中，頂放
十道百寶光明。一一光明，皆遍示現十恒河沙金剛密跡，擎山持杵，遍虛空界。
大眾仰觀，畏愛兼抱，求佛恃怙，一心聽佛無見頂相放光如來宣說神咒。㉞
南牟薩怛他蘇伽哆耶(歸命一切諸佛一)　阿囉訶帝三藐三菩陀耶(歸命一切如來應正等覺二)　娜牟薩婆勃陀(敬禮一切
諸佛三)　勃地薩哆吠弊(歸命菩薩毘吠反四)　娜牟颯哆喃三藐三菩陀具胝喃(敬禮正遍知五)　薩失囉(引)皤(去)迦僧伽
喃(敬禮辟支佛及四果人六)　娜牟嚧雞阿囉喝哆喃(歸命羅漢等眾七)　娜牟蘇嚕哆半那喃(八)　娜牟塞羯唎(二合)陀(引)伽(輕去)
彌喃(敬禮斯陀含阿陀含眾九)　娜牟盧鷄三藐伽哆喃(敬禮過去未來十)　娜牟三藐鉢囉(二合)底半那(去)喃(十一)　娜牟提婆唎
史喃(敬禮三十三天及一切諸仙天等十二)　娜牟微悉陀耶微(入聲呼)地也(二合)陀囉喃(敬禮呪仙十三)　娜牟悉陀微地也(二合)陀囉喋史
喃(敬禮持呪成就仙人十四)　舍波(去)拏揭囉訶娑訶摩囉陀(二合)喃(攝惡作善十五)　娜牟皤囉(二合)訶摩(二合)泥(土)(歸命梵天十六)　娜牟因(去)陀
囉(二合)耶(歸命帝釋十七)　娜牟婆伽嚩帝(歸命世尊十八)　嚕陀囉(二合引)耶(大自在天十九)　烏摩鉢底(天后)娑醯夜耶(及眷屬等二十)　娜牟婆
伽筏(蒱末反)帝(世尊二十一)　那囉延拏耶(地祇眾二十二)　半遮摩訶沒陀囉(大印二十三)　娜牟塞訖哩(二合)多耶(頂禮世尊二十四)　娜
牟婆伽(上呼)筏帝摩訶迦囉耶(大黑天神二十五)　底哩(二合)補囉那伽(上)囉(城二十六)　毘陀囉皤拏迦囉耶(破壞二十七)　阿

底目多迦尸摩舍那縛悉埿尸陀林中二十八 摩怛唎二合伽拏鬼神衆二十九 娜牟塞訖唎多耶三十 娜牟婆伽筏帝舊 怛他揭多俱囉耶如來族三十一 娜牟鉢頭摩二合俱囉耶歸命蓮華族菩薩等三十二 娜牟筏折囉俱囉半音用同下耶歸命金剛族三十三 娜牟摩尼俱囉耶歸命寶族三十四 娜牟伽上闍俱囉耶歸命衆族三十五 娜牟婆伽筏帝三十六 地唎二合茶輸囉哂那三十七 鉢囉二合訶囉拏囉引闍耶大猛將各持器仗入三十八 怛他揭多耶如來三十九 娜牟婆伽筏帝四十 阿彌陀引婆引耶無量壽佛四十一 怛他揭多耶四十二 阿囉訶帝三藐三菩陀耶應等正覺四十三 娜牟婆伽筏帝四十四 阿芻鞞也阿閦如來四十五 怛他揭多耶四十六 阿羅訶帝三藐三菩陀耶四十七 娜牟婆伽筏帝四十八 毘沙闍俱嚕二合吠䟽璃唎耶藥師如來四十九 鉢囉二合婆囉引闍耶光王五十 怛他揭多耶五十一 阿囉訶帝三藐三菩陀耶五十二 娜牟婆伽筏帝五十三 三布瑟畢多娑囉囉引闍夜娑羅花王五十四 怛他揭多耶五十五 阿囉訶帝三藐三菩陀引耶五十六 娜牟婆伽筏帝五十七 舍枳也二合母娜曳釋迦牟尼佛五十八 怛他揭多耶五十九 阿囉訶帝三藐三菩陀引耶六十 娜牟婆伽筏帝六十一 囉怛那俱蘇摩寶花六十二 鷄都囉引闍耶寶幢王如來六十三 怛他揭多耶六十四 阿羅訶帝三藐三菩陀引耶帝瓢六十五 娜牟塞訖哩二合多皤翳摩舍婆伽筏多六十六 薩怛他揭都烏瑟尼衫如來佛頂六十七 悉怛多引鉢怛嚂二合華蓋六十八 娜牟阿波引囉支單半音敬禮是辰勝六十九 鉢羅登登甑反擬擬異反囉七十 薩嚩部多揭囉二合訶迦囉尼一切神衆作罰七十一 波囉微入地也二合掣車曳反

陀(輕呼)儞(能斷他呪七十二) 阿哥(引)囉(輕呼)微哩(入二合)駐(橫死七十三) 波唎怛囉耶(引)那揭唎(救取七十四) 薩嚩畔陀那悁乞叉

那迦唎(一切縛禁解脫七十五) 薩嚩突瑟吒(二合除一切惡七十六上) 突莎般那儞縛囉尼(惡夢七十七) 者都囉(引)室底喃(八萬四千衆神七十八)

揭囉訶娑訶娑囉(引)喃(七十九) 微陀防娑(引)那羯哩(打破八十) 阿瑟吒氷設底喃(去聲呼八十一呼皆同) 諾剎怛

囉喃(八十二) 鉢囉(二合)娑(引)陀那羯哩(正行) 阿瑟吒(二合)喃(八十三) 摩訶揭囉訶喃(辰八十四) 微陀防(二合)薩那羯哩(打破)

(八十五) 薩嚩舍都嚕(二合)儞嚩囉尼(除一切惡八十六) 巨(去)囉喃(八十七) 突室乏(二合)鉢那難遮那舍尼(除却嚴惡八十八) 毘

沙設薩怛囉(器仗八十九) 阿祁尼(火九十) 烏陀迦囉尼(水九十一) 阿波(引)囉視多具囉(苻能勝嚴九十二) 摩訶跋囉戰

拏(大力嗔怒九十三) 摩訶提哆(火天九十四) 摩訶帝闍(大滅九十五) 摩訶稅尾(二合)多(太白九十六) 什伐(二合)囉(光焰九十七) 摩訶跋囉

(大力九十八) 半茶囉嚩(引)悉儞(白拂九十九) 阿唎耶多囉(聖者一百) 毘哩(二合)俱知制嚩毘闍耶(最勝菩薩百一) 筏折囉(二合)摩

禮底毘輸嚕多(摧碎金剛百二) 鉢踏罔迦(降伏百三) 跋折囉兒(熾曳反) 訶縛者(金剛力士百四) 摩囉制縛(隨一逐百五) 般囉室

多(金剛神杵百六) 跋折(時熱反上)囉(二合)檀持(金剛神杵百七) 毘舍羅摩遮(天神力士百八) 扇多舍毘提嚩布室哆蘇摩嚕波(參辰日月天子及二

十八宿百九) 摩訶(引)稅尾(二合)多(引太白星百十) 阿哩耶多羅(百十一) 摩訶(引)跋囉阿波囉(百十二) 跋折囉(二合)商羯囉制

婆(金剛連鎖百十三) 怛他(天可反) 跋折囉俱摩唎迦(金剛童女百十四) 俱嚂(盧紺反)吽他唎(金剛童子百十五) 跋折囉訶薩哆者(二合金剛手百十六)

微地也(大明呪藏百十七) 乾遮那摩(引)唎迦(四天王太子百十八) 俱蘇婆喝囉怛囉怛那(百十九) 毘嚕遮耶那俱唎耶(二百)

十　韜淡(吐炎)夜囉烏瑟尼(二合)沙(佛頂百二十一)　毘折藍婆摩邏遮(羅剎神女百二十二)　跋折囉(二合)迦那迦(金剛使者百二十三)　鉢囉(二合)

婆吒(去)遮那(蓬華神衆百二十四)　跋折囉(二合)敦尼遮(金剛擊山百二十五)　稅尾多遮迦摩(引)囉(引)乞叉(二合百二十六)　舍施鉢囉(二合)婆

翳帝夷帝(如是等百二十七)　母(引)陀囉(二合)尼揭拏(衆印可百二十八)　娑吠囉乞懺(二合一切護我百二十九)　俱囉飯(二合)都印兔那麼麼

(某乙稱名)那寫(誦呪者但至此語皆自稱名百三十)　嗚吽(二合)牟哩(二合)瑟揭(二合渠羯反皆同)拏(仙衆百三十一)　鉢囉(二合)舍(引)薩多(善相百三十二)　薩怛他揭都(一切如來百三

十三)　烏瑟尼沙(百三十四)　呼吽(二合)咄嚕吽(三合警誤百三十五)　瞻婆那(押領百三十六)　呼吽(二合)咄嚕吽(三合百三十七)　薩耽婆那(鎮守百三十八)

呼吽(二合)咄嚕吽(三合百三十九)　婆囉微地也三婆乞叉那囉(百四十)　呼吽(二合)咄嚕吽(三合百四十一)　薩婆部瑟吒

喃(百四十二)　塞曇婆那羯囉(喫却他呪百四十三)　呼吽(二合)咄嚕吽(三合百四十四)　薩嚩藥叉(勇猛百四十五)　喝囉(引)剎娑揭囉訶喃

(百四十六)　毘陀防娑那羯囉(打破百四十七)　呼吽(二合)咄嚕吽(三合百四十八)　者都羅尸底喃(百四十九)　揭羅訶娑囉喃(八萬四千神王

衆百五十)　毘陀防娑那羯囉(百五十一)　呼吽(二合)咄嚕吽(三合百五十二)　阿瑟吒微(二合)摩舍帝喃(上百五十三)　那佉(上)沙怛

囉喃(上百五十四)　婆囉摩馱那伽囉(百五十五)　呼吽(二合)咄嚕吽(三合百五十六)　囉剎囉剎(護一切諸佛菩薩金剛天仙皆護百五十七)　薄伽梵(佛百五十

八)　薩怛他揭都烏瑟尼沙(佛頂百五十九)　鉢囉登擬哩(百六十)　摩訶薩訶薩囉部兒(千臂大神百六十一)　娑訶薩囉

室囇(千頭神百六十二)　俱胝舍多娑訶薩囉寧怛𡀔(百千眼神百六十三)　阿弊地也什嚩哩多那吒迦(百六十四)　摩訶跋

折嚕陀(引)囉(大輪金剛百六十五)　帝哩菩嚩那(三世百六十六)　曼荼囉(檀場百六十七)　嗚吽莎悉底(百六十八)　薄婆都(與我平等百六十九)　印

毚麼麼（某乙百七十）　囉闍婆夜（王難百七十一）　主囉婆夜（賊難百七十二）　阿祇尼婆夜（火難百七十三）　烏陀迦婆夜（水難百七十四）　吠沙婆夜（毒難百七十五）　舍薩多囉婆夜（刀仗難百七十六）　波囉斫羯囉婆夜（兵難百七十七）　突嘌叉婆夜（穀貴飢饉難百七十八）　阿舍儞婆夜（雹難百七十九）　阿迦囉沒嘌（利吉反）駐婆夜（掩死難百八十）　阿陀囉尼部彌劍波（總持地動百八十一）　伽波哆婆夜（險難百八十二）　烏囉囉迦波多婆夜（道路難百八十三）　囉闍彈茶婆夜（王刑罰難百八十四）　那（上）伽婆夜（龍怖難百八十五）　微地揄婆夜（閃電難百八十六）　蘇跋嘌尼婆夜（金翅鳥難百八十七）　藥叉揭囉訶（百八十八）　羅剎娑揭囉訶（百八十九）　畢唎哆揭囉（二合）訶（餓鬼難百九十）

毘舍（上）遮揭囉訶（廁神百九十一）　部多揭囉（二合）訶（神鬼衆百九十二）　鳩槃茶揭囉訶（守宮婦女鬼一百九十三）　布單那揭囉（二合）訶（魄鬼百九十四）　羯吒布單那揭囉（二合）訶（奇魄鬼一百九十五）　塞揵陀揭囉訶（鳩摩羅童天子百九十六）　阿婆娑摩囉揭囉（二合）訶（羊頭鬼百九十七）　烏檀摩陀揭囉（二合）訶（熱鬼百九十八）　車耶揭囉（二合）訶（影鬼百九十九）　梨婆底揭囉訶（陰謀鬼二百）　闍底訶哩泥（食初產鬼二百一）　羯囉婆訶哩埿（食懷孕鬼二百二）　嚧地囉訶哩泥（食血鬼二百三）　芒娑訶哩泥（食肉鬼二百四）　計陀訶哩泥（食脂鬼二百五）　摩闍訶哩（輕呼去聲）泥（食髓鬼二百六）　闍多訶哩泥（食氣鬼二百七）　視吠哆訶哩泥（食壽命鬼二百八）　婆多訶哩泥（食風鬼二百九）　皤多訶哩喃阿輸遮訶哩泥（食不淨鬼二百一十）　質多訶哩泥（食心鬼二百十一）　帝衫薩毘衫（如是等衆二百十二）　薩嚩揭囉訶喃（一切執祖鬼二百十三）　毘地也（明呪藏二百十四）　嗔陀夜彌（斬伐罪者二百十五）　枳囉夜彌（二百十六）　波哩跋囉斫迦羅（外道二百十七）　訖哩（離枳反上）擔微地也（明呪藏二百十八）　嗔陀夜彌（二百十九）　枳囉夜彌（捕罰二百二十）　茶枳尼（狐魅鬼二百二十一）　訖哩擔微地也（明呪二百二十二）　嗔陀夜

彌枳囉夜彌二百二十三　摩訶鉢輸鉢底夜二百二十四　嚕陀囉大自在天二百二十五　訖哩耽微地也明呪二百二十六　嗔陀
夜彌枳羅夜彌二百二十七　那囉耶拏耶天神二百二十八　訖哩耽微地也明呪二百二十九　嗔陀夜彌枳囉夜彌二百三十
怛怛嚩伽上嚕荼金翅鳥王二百三十一　訖哩耽微地也二百三十二　嗔陀夜彌枳囉夜彌二百三十三　摩訶迦羅大黑天神
二百三十四　摩怛囉伽拏訖哩離枳反上耽微地也二百三十五　嗔陀夜彌枳囉夜彌二百三十六　迦波哩迦髑髏外道二百三十七
訖哩耽微地也二百三十八　嗔陀夜彌枳囉夜彌二百三十九　闍夜羯囉二百四十　曼度羯囉二百四十一　薩婆囉
他娑達儞持一切物二百四十二　訖哩耽微地也二百四十三　嗔陀夜彌枳囉夜彌二百四十四　者都嘌利吉反薄祁儞姊妹神女二百
四十五　訖哩耽微地也二百四十六　嗔陀夜彌二百四十七　枳囉夜彌二百四十八　憑去儀哩知鬪戰勝神并器仗二百四十九　難泥外道
雞首婆囉孔雀王器仗二百五十　伽那鉢底毘那夜迦王二百五十一　娑醯夜野叉王兄弟三人各領二十八萬衆二百五十二　訖哩耽微地也二百五十三　嗔陀
夜彌二百五十四　枳囉夜彌二百五十五　那延那室囉引婆拏裸形外道二百五十六　訖哩離吉反皆同耽微地也二百五十七　嗔陀夜
彌二百五十八　枳囉夜彌二百五十九　阿囉訶多羅漢二百六十　訖哩耽微地也二百六十一　嗔陀夜彌二百六十二　枳囉夜
彌二百六十三　微怛多音囉引迦起尸鬼二百六十四　訖哩耽微地也二百六十五　嗔陀夜彌二百六十六　枳囉夜彌二百六十七　跋折
時熱反囉波儞執金剛神二百六十八　跋折囉婆重呼尼二百六十九　具醯夜迦密跡力士二百七十　地鉢底總管二百七十一　訖哩耽微地也二百
七十二　嗔陀夜彌枳羅夜彌二百七十三　囉叉囉叉罔一切諸佛菩薩天仙龍神方護二百七十四　薄伽梵佛二百七十五　印兔那麼麼那

寫（某乙寫二百七十六）　婆伽梵薩怛他揭都烏瑟尼沙（二百七十七）　悉怛多鉢怛囉（華蓋二百七十八）　南無嘌（上）都（上）羝（頂禮二百七十
九）　阿悉多那（引）囉（引）囉迦（白光分明二百八十）　鉢囉婆毘薩普吒（二百八十一）　毘迦悉怛多（二百八十二）　鉢底哩（二百八十三）
什嚩囉什嚩囉（光焰二百八十四）　陀囉陀囉（二百八十五）　頻陀囉頻陀囉（二百八十六）　嗔陀嗔陀（二百八十七）　含吽含吽（二百
八十八）　泮泮泮（二百八十九）　泮吒泮吒（二百九十）　莎皤訶（二百九十一）　醯醯泮（二百九十二）　阿牟伽耶泮（不空大使二百九十三）　阿鉢
囉底訶多泮（無障礙二百九十四）　皤囉鉢囉（二合）陀泮（與願二百九十五）　阿素囉毘陀囉皤迦泮（修羅破壞二百九十六）　薩皤提吠弊
泮（一切天神二百九十七）　薩皤那那伽弊泮（一切龍衆二百九十八）　薩皤藥叉弊泮（一切勇鬼神二百九十九）　薩皤乾闥婆弊泮（一切音樂神三百）
薩皤阿素囉弊泮（三百一）　薩皤揭嚕茶弊泮（三百二）　薩皤緊那羅弊泮（三百三）　薩皤摩護囉伽弊泮（三百
四）　薩皤囉剎莎弊泮（三百五）　薩皤摩努曬弊泮（三百六）　薩皤阿摩努曬弊泮（三百七）　薩皤布單那
弊泮（三百八）　薩皤迦吒布丹那弊泮（三百九）　薩皤突蘭枳帝弊泮（一切難過三百十）　薩皤突瑟吒畢哩乞史
帝弊泮（一切難三百十一）　薩皤什皤梨弊泮（一切瘧壯熱三百十二）　薩皤阿波薩麼嚟弊泮（一切外道出三百十三）　薩婆舍羅皤拏
弊泮（三百十四）　薩嚩底嘌耻雞弊泮（三百十五）　薩菩怛波提弊泮（一切鬼惡三百十六）　薩皤微地也囉誓遮黎弊泮
（一切持呪博士等三百十七）　闍耶羯囉摩度羯囉（三百十八）　薩婆囉他娑陀雞弊泮（一切物呪博士三百十九）　微地也遮唎曳弊泮（三百
二十）　者咄囉南薄祁儞弊泮（四姊妹神女三百二十一）　跋折囉俱摩唎迦弊泮（金剛童子三百二十二）　跋折囉俱藍陀利弊

泮三百二十三　微地也囉引闍弊泮呪王等三百二十四　摩訶鉢囉登耆囇弊泮三百二十五　跋折囉商羯囉引夜泮金剛連鎖
三百二十六　鉢囉登祁囉囉引闍引耶泮三百二十七　摩訶揭囉耶泮大黑天神三百二十八　摩訶摩怛哩合二伽拏耶泮鬼衆三百
二十九　娜牟塞揭哩合二多耶泮三百三十　毘瑟拏尾曳泮毘紐天子三百三十一　皤囉合牛摩尼曳泮梵王三百三十二　阿祁尼
曳泮火天三百三十三　摩訶迦哩曳泮大黑天女三百三十四　迦囉檀特曳泮大鬼帥黑奧神三百三十五　醫泥哩曳泮帝釋三百三十六　遮文
遲曳泮怒神三百三十七　嘮怛哩曳泮瞋怒神三百三十八　迦囉引怛哩曳泮三百三十九　迦波嚟曳泮三百四十　阿地目抧多
迦尸麼舍那皤悉儞曳泮三百四十一　曳髻者那薩怛薩怛皤若有衆生三百四十二　突瑟吒質多惡心鬼三百四十三　澇持
囉質多三百四十四　烏闍訶囉食精氣鬼三百四十五　揭婆訶囉食胎藏鬼三百四十六　嘮地囉訶囉食血鬼三百四十七　芒娑訶囉食肉鬼三百四十八
摩社訶囉食產鬼三百四十九　社多訶囉三百五十　視微多訶囉食壽命鬼三百五十一　皤略耶訶囉食祭鬼三百五十二　健陀訶囉食香
鬼三百五十三　布瑟波訶囉食花鬼三百五十四　破囉訶囉食五果子鬼三百五十五　薩寫訶囉食五穀種子鬼三百五十六　波波質多突瑟吒知諫反質
多惡心鬼三百五十七　嘮陀羅質多嗔心鬼三百五十八　陀囉質多藥叉揭囉訶三百五十九　囉刹娑揭囉訶三百六十　閉囇多
揭囉訶毘舍遮揭囉訶三百六十一　部多揭囉訶神衆三百六十二　鳩槃茶揭囉訶三百六十三　塞健陀揭囉訶三百六十
四　烏怛摩陀揭囉訶三百六十五　車夜揭囉訶影鬼三百六十六　阿波娑摩囉揭囉訶羊瞋鬼鬼如野狐三百六十七　侘坼阿反上長平呼迦
茶祁尼揭囉訶魅鬼魅女鬼三百六十八　唎婆底揭囉訶如狗惱小鬼三百六十九　闍弭迦揭囉訶如烏鬼三百七十　舍俱尼揭囉訶如馬三百

(七十一) 漫怛囉難提迦揭囉訶(如貓兒三百七十二) 阿藍皤揭囉訶(如蛇三百七十三) 訶奴建度波尼揭囉訶(如雞三百七十四)
什(入音)皤囉(壯熱瘧鬼)翳迦醯迦(一日一發)德吠底迦(二日一發三百七十五) 帝哩帝藥迦(三日一發)折咄嘌他迦(四日一發三百七十六) 昵底夜
什皤囉(常壯熱鬼三百七十七) 毘沙摩什皤囉(壯熱三百七十八) 皤底迦(風病鬼)背底迦(黃病鬼三百七十九) 室禮瑟彌迦(痰飲三百八十) 娑儞
波底迦(痢病三百八十一) 薩皤什皤囉(一切壯熱三百八十二) 室嚕喝囉底(頭痛三百八十三) 阿羅陀皤帝(半頭痛三百八十四) 阿乞史嚧
劍(飢不食鬼三百八十五) 目佉嚧鉗(口痛三百八十六) 羯唎突嚧鉗(愁鬼三百八十七) 羯囉訶輸藍(咽喉痛三百八十八) 羯拏輸藍(耳痛三百八十九)
檀多輸藍(齒痛三百九十) 頡哩馱耶輸藍(心痛三百九十一) 末摩輸藍(盧鉗反三百九十二) 跋囉㗌婆輸藍(肋痛三百九十三) 背哩瑟
吒輸藍(背痛三百九十四) 烏馱囉輸藍(盧鉗反腹痛三百九十五) 羶知輸藍(腰痛三百九十六) 跋悉帝輸藍(裸骨痛三百九十七) 鄔(上)嚧輸藍(腿髀痛三
百九十八) 常伽輸藍(腕痛三百九十九) 喝薩多輸藍(手痛四百) 波陀輸藍(腳痛四百一) 頞伽鉢囉登輸藍(四支節痛四百二) 部多
吠怛茶(起尸鬼四百三) 茶枳(呼哽反上)尼(魅鬼四百四) 什皤囉陀突盧建紐(四百五) 吉知(蜘蛛)婆路多(丁瘡四百六) 吠薩囉波嚕
訶(侵淫瘡)凌(里孕反)伽(赤瘡四百七) 輸沙多(引)囉娑那迦囉毘沙喻迦(上坎四百八) 阿祁尼(火)烏陀迦(水)摩囉吠囉建
多囉(四百九) 阿迦囉蜜嘌(二合)駐(橫死四百十) 怛囇部迦地哩囉吒毘失脂迦(蝎四百十一) 薩囉波(蛇四百十二) 那俱
囉(虎狼四百十三) 僧(思孕反)伽(師子四百十四) 吠也揭囉(大虫四百十五) 怛乞叉(猪熊四百十六) 怛囉乞叉末囉(馬熊)視皤帝衫(此等四百十七) 薩
毘衫薩毘衫(一切此說者四百十八) 悉怛多鉢怛囉(花蓋四百十九) 摩訶跋折嚕(大金剛藏四百二十) 瑟尼衫摩訶鉢囉登祁藍

四百二十一　夜婆埵陀舍喻社那乃至十二由旬成界地四百二十二　便怛囉拏毘入聲地夜畔馱迦嚧彌云我大明呪十二由旬結界禁縛莫入四百二十三　帝殊畔陀迦居那反嚧彌佛頂光聚縛結不得入界四百二十四　波囉微地也途迦反畔陀迦嚧彌能縛一切惡神鬼四百二十五　怛地他即說呪曰四百二十六　唵四百二十七　阿那嚇毘舍提四百二十八　鞞囉四百二十九　跋折囉四百三十　阿唎畔陀四百三十一　毘陀儞四百三十二　跋折囉波尼泮四百三十三　呼吽四百三十四　咄嚕吽三合四百三十五　莎嚩訶四百三十六　唵吽四百三十七　毘嚕提四百三十八　莎嚩訶四百三十九

右此呪句總有四百三十九句。

「阿難！是佛頂光聚悉怛多般怛羅祕密伽陀微妙章句，出生十方一切諸佛。十方如來因此呪心，得成無上正遍知覺。十方如來執此呪心，降伏諸魔制諸外道。十方如來乘此呪心，坐寶蓮華應微塵國。十方如來含此呪心，於微塵國轉大法輪。十方如來持此呪心，能於十方摩頂授記，自果未成，亦於十方蒙佛授記。十方如來依此呪心，能於十方拔濟群苦，所謂地獄、餓鬼、畜生、盲聾、瘖瘂、怨憎會苦、愛別離苦、求不得苦，五陰熾盛，大小諸橫同時解脫。賊難、兵難、王難、獄難、風水火難、飢渴、貧窮，應念銷散。十方如來隨此呪心，能於十方事善知識，四威儀中供養如意，恒沙如來會中推為大法王子。十方如來行此呪心，能於十方攝受親因，令諸小乘聞祕密藏，不生驚怖。十方如來誦此呪心，成無上覺，坐菩提樹，入大涅槃。十方如來傳此呪心，於滅度後付佛法事究竟住持，嚴淨戒律悉得清淨。若我說是佛頂光聚般怛羅呪，從旦至暮，音聲相連，字句中間亦不重疊，經恒沙劫終不能盡。亦說此呪名如來頂，汝等有學未盡輪迴，發心至誠趣向阿耨多羅三藐三菩提，不持此呪而坐道場，令其身心遠諸魔事，無有是處。

「阿難！若諸世界，隨所國土所有衆生，隨國所生樺皮貝葉紙素白疊，畫寫此呪貯於香囊，是人心惛未能誦憶，或帶身上，或書宅中，當知是人盡其生年，一切諸毒所不能害。

「阿難！我今為汝更說此呪，救護世間得大無畏，成就衆生出世間智。若我滅後，末世衆生有能自誦，若教他誦，當知如是誦持衆生，火不能燒，水不能溺，大毒、小毒所不能害。如是乃至龍、天、鬼、神、精祇、魔魅所有惡呪皆不能著，心得正受。一切呪咀、魘蠱、毒藥、金毒、銀毒、草木、蟲蛇、萬物毒氣，入此人口成甘露味。一切惡星并諸鬼神、磣毒心人，於如是人不能起惡。毘那夜迦諸惡鬼王并其眷屬，皆領深恩，常加守護。

「阿難！當知是呪常有八萬四千那由他恒河沙俱胝金剛藏王菩薩種族，一一皆有諸金剛衆而為眷屬，設有衆生於散亂心，非三摩地心憶口持，是金剛王常隨從彼諸善男子，何況決定菩提心者！此諸金剛菩薩藏王精心陰速，發彼神識，是人應時心能記憶八萬四千恒河沙劫，周遍了知得無疑惑。從第一劫乃至後身，生生不生藥叉、羅刹及富單那、迦吒富單那、鳩槃茶、毘舍遮等并諸餓鬼、有形無形、有想無想，如是惡處。是善男子若讀、若誦、若書、若寫、若帶、若藏，諸色供養，劫劫不生貧窮、下賤、不可樂處。此諸衆生縱其自身不作福業，十方如來所有功德悉與此人，由是得於恒河沙阿僧祇不可說不可說劫，常與諸佛同生一處，無量功德，如惡叉聚，同處熏修永無分散。是故能令破戒之人戒根清淨，未得戒者令其得戒，未精進者令得精進，無智慧者令得智慧，不清淨者速得清淨，不持齋戒自成齋戒。阿難！是善男子持此呪時，設犯禁戒於未受時，持呪之後，眾破戒罪，無問輕重一時銷滅。縱經飲酒，食噉五辛種種不淨，一切諸佛、菩薩、金剛、天仙、鬼神不將為過。設著不淨破弊衣服，一行一住悉同清淨。縱不作壇，不入道場，亦不行道，誦持此呪，還同入壇行道功德。若造五逆無間重罪，及諸比丘、比丘尼四棄八棄，誦此呪已，如是重業猶如猛風吹散沙聚，悉皆滅除更無毫髮。

「阿難！若有眾生從無量無數劫來，所有一切輕重罪障，從前世來未及懺悔，若能讀誦、書寫此呪，身上帶持，若安住處、莊宅、園館，如是積業猶湯銷雪，不久皆得悟無生忍。

「復次，阿難！若有女人，未生男女欲求生者，若能至心憶念斯呪，或能身上帶此悉怛多鉢怛羅者，便生福德智慧男女。求長命者速得長命，欲求果報速圓滿者速得圓滿，身命色力亦復如是。命終之後，隨願往生十方國土，必定不生邊地下賤，何況雜形！阿難！若諸國土州縣聚落饑荒、疫癘，或復刀兵、賊難、鬪諍，兼餘一切厄難之地，寫此神呪安城四門，并諸支提或脫闍上，令其國土所有眾生奉迎斯呪，禮拜恭敬一心供養，令其人民各各身佩，或各各安所居宅地，一切災厄悉皆銷滅。

「阿難！在在處處國土眾生隨有此呪，天龍歡喜風雨順時，五穀豐殷兆庶安樂，亦復能鎮一切惡星隨方變怪，災障不起人無橫夭，杻械枷鎖不著其身，晝夜安眠常無惡夢。阿難！是娑婆界，有八萬四千災變惡星，二十八大惡星而為上首，復有八大惡星以為其主，作種種形出現世時，能生眾生種種災異。有此呪地悉皆銷滅，十二由旬成結界地，諸惡災祥永不能入。是故如來宣示此呪，於未來世保護初學，諸修行者入三摩提，身心泰然得大安隱，更無一切諸魔鬼神，及無始來冤橫宿殃、舊業陳債來相惱害。汝及眾中諸有學人，及未來世諸修行者，依我壇場如法持戒，所受戒主逢清淨僧，持此呪心不生疑悔，是善男子於此父母所生之身不得心通，十方如來便為妄語。」

說是語已，會中無量百千金剛，一時佛前合掌頂禮而白佛言：「如佛所說，我當誠心保護如是修菩提者。」

爾時梵王并天帝釋、四天大王，亦於佛前同時頂禮而白佛言：「審有如是修學善人，我當盡心至誠保護，令其一生所作如願。」

復有無量藥叉大將、諸羅剎王、富單那王、鳩槃茶王、毘舍遮王、頻那夜迦、諸大鬼王及諸鬼帥，亦於佛前合掌頂禮：「我亦誓願護持是人，令菩提心速得圓滿。」

復有無量日月天子、風師、雨師、雲師、雷師并電伯等，年歲巡官諸星眷屬亦於會中，頂禮佛足而白佛言：「我亦保護是修行人，安立道場得無所畏。」

復有無量山神、海神、一切土地、水陸、空行、萬物精祇并風神王、無色界天，於如來前同時稽首而白佛言：「我亦保護是修行人得成菩提，永無魔事。」

爾時八萬四千那由他恒河沙俱胝金剛藏王菩薩在大會中，即從座起，頂禮佛足而白佛言：「世尊！如我等輩所修功業，久成菩提，不取涅槃常隨此呪，救護末世修三摩提正修行者。世尊！如是修心求正定人，若在道場及餘經行，乃至散心遊戲聚落，我等徒衆常當隨從侍衛此人。縱令魔王大自在天求其方便，終不可得。諸小鬼神去此善人十由旬外，除彼發心樂修禪者。世尊！如是惡魔，若魔眷屬，欲來侵擾是善人者，我以寶杵殞碎其首猶如微塵，恒令此人所作如願。」

阿難即從座起，頂禮佛足而白佛言：「我輩愚鈍好為多聞，於諸漏心未求出離。蒙佛慈誨得正熏修，身心快然獲大饒益。世尊！如是修證佛三摩提未到涅槃，云何名為乾慧之地？四十四心至何漸次，得修行目？詣何方所名入地中？云何名為等覺菩薩？」

作是語已，五體投地，大衆一心佇佛慈音，瞪瞢瞻仰。爾時世尊讚阿難言：「善哉！善哉！汝等乃能普為大衆及諸末世一切衆生，修三摩提求大乘者，從於凡夫終大涅槃，懸示無上正修行路。汝今諦聽！當為汝說。」

阿難、大衆合掌刳心，默然受教。佛言：「阿難！當知妙性圓明離諸名相，本來無有世界、衆生。因妄有生，因生有滅，生滅名妄，滅妄名真，是稱如來無上菩提，及大涅槃二轉依號。阿難！汝今欲修真三摩地，直詣如來大涅槃者，先當識此衆生世界二顛倒因。顛倒不生，斯則如來真三摩地。阿難！云何名為衆生顛倒？阿難！由性明心，性明圓故，因明發性，性妄見生，從畢竟無，成究竟有。此有所有，非因所因，住所住相，了無根本。本此無住，建立世界及諸衆生。迷本圓明，是生虛妄，妄性無體，非有所依，將欲復真，欲真已非，真真如性，非真求復，宛成非相。非生非住，非心非法，展轉發生，生力發明，熏以成業。同業相感，因有感業，相滅相生，由是故有衆生顛倒。

「阿難！云何名為世界顛倒？是有所有，分段妄生，因此界立。非因所因，無住所住，遷流不住，因此世成。三世四方，和合相涉，變化衆生，成十二類。是故世界因動有聲，因聲有色，因色有香，因香有觸，因觸有味，因味知法。六亂妄想，成業性故，十二區分，由此輪轉。是故世間聲香味觸，窮十二變為一旋復。乘此輪轉顛倒相故，是有世界卵生、胎生、濕生、化生、有色、無色、有想、無想，若非有色，若非無色，若非有想，若非無想。

「阿難！由因世界，虛妄輪迴，動顛倒故，和合氣成，八萬四千飛沈亂想。如是故有卵羯邏藍流轉國土，魚鳥龜蛇其類充塞。

「由因世界，雜染輪迴，欲顛倒故，和合滋成，八萬四千橫豎亂想。如是故有胎遏蒱曇流轉國土，人畜龍仙其類充塞。

「由因世界，執著輪迴，趣顛倒故，和合軟成，八萬四千飜覆亂想。如是故有濕相蔽尸流轉國土，含蠢蠕動其類充塞。

「由因世界，變易輪迴，假顛倒故，和合觸成，八萬四千新故亂想。如是故有化相羯南流轉國土，轉蛻飛行其類充塞。

「由因世界，留礙輪迴，障顛倒故，和合著成，八萬四千精耀亂想。如是故有色相羯南流轉國土，休咎精明其類充塞。

「由因世界，銷散輪迴，惑顛倒故，和合暗成，八萬四千陰隱亂想。如是故有無色羯南流轉國土，空散銷沈其類充塞。

「由因世界，罔象輪迴，影顛倒故，和合憶成，八萬四千潛結亂想。如是故有想相羯南流轉國土，神鬼精靈其類充塞。

「由因世界，愚鈍輪迴，癡顛倒故，和合頑成，八萬四千枯槁亂想。如是故有無想羯南流轉國土，精神化為土木金石其類充塞。

「由因世界，相待輪迴，偽顛倒故，和合染成，八萬四千因依亂想。如是故有非有色相成色羯南流轉國土，諸水母等，以蝦為目，其類充塞。

「由因世界，相引輪迴，性顛倒故，和合呪成，八萬四千呼召亂想。由是故有非無色相、無色羯南流轉國土，呪咀厭生其類充塞。

「由因世界，合妄輪迴，罔顛倒故，和合異成，八萬四千迴互亂想。如是故有非有想相成想羯南流轉國土，彼蒱盧等異質相成，其類充塞。

「由因世界，怨害輪迴，殺顛倒故，和合怪成，八萬四千食父母想。如是故有非無想相無想羯南流轉國土，如土梟等附塊為兒，及破鏡鳥以毒樹果抱為其子，子成父母皆遭其食，其類充塞，是名眾生十二種類。」

大佛頂⊙如來密因修證了義諸菩薩☆萬行首楞嚴經卷第七

◎此陀羅尼依明本載之☆

南無薩怛他蘇伽多耶阿囉訶帝三藐三菩陀寫一　薩怛他佛陀俱胝瑟尼釤二　南無薩婆勃陀勃地薩跢鞞弊三毘迦切　南無薩多南三藐三菩陀俱知南四　娑舍囉婆迦僧伽喃五　南無盧雞阿羅漢跢喃六　南無蘇盧多波那喃七　南無娑羯唎陀伽彌喃八　南無盧雞三藐伽跢喃九　三藐伽波囉底波多那喃十　南無提婆離瑟赧十一　南無悉陀耶毘地耶陀囉離瑟赧十二　舍波奴揭囉訶娑訶娑囉摩他喃十三　南無跋囉訶摩泥十四　南無因陀囉耶十五　南無婆伽婆帝十六　嚧陀囉耶十七　烏摩般帝十八　娑醯夜耶十九　南無婆伽婆帝二十　那囉野拏耶二十一　槃遮摩訶三慕陀囉二十二　南無悉羯唎多耶二十三　南無婆伽婆帝二十四　摩訶迦羅耶二十五　地唎般剌那伽囉二十六　毘陀囉波拏迦囉耶二十七　阿地目帝二十八　尸摩舍那泥婆悉泥二十九　摩怛唎伽拏三十　南無悉羯唎多耶三十一　南無婆伽婆帝三十二　多他伽跢俱囉耶三十三　南無般頭摩俱囉耶三十四　南無跋闍囉俱囉耶三十五　南無摩尼俱囉耶三十六　南無伽闍俱囉耶三十七　南無婆伽婆帝三十八　帝唎荼輸囉西那三十九　婆囉訶囉拏囉闍耶四十　跢他伽多耶四十一　南無婆伽婆帝四十二　南無阿彌多婆耶四十三　跢他伽多耶四十四　阿囉訶帝

四十五　三藐三菩陀耶四十六　南無婆伽婆帝四十七　阿芻鞞耶四十八　跢他伽多耶四十九　阿囉訶帝
五十　三藐三菩陀耶五十一　南無婆伽婆帝五十二　鞞沙闍耶俱盧吠柱唎耶五十三　般囉婆囉闍
耶五十四　跢他伽多耶五十五　南無婆伽婆帝五十六　三補師毖多五十七　薩憐捺囉剌闍耶五十八　跢
他伽多耶五十九　阿囉訶帝六十　三藐三菩陀耶六十一　南無婆伽婆帝六十二　舍雞野母那曳六十三
跢他伽多耶六十四　阿囉訶帝六十五　三藐三菩陀耶六十六　南無婆伽婆帝六十七　剌怛那雞都
囉闍耶六十八　跢他伽多耶六十九　阿囉訶帝七十　三藐三菩陀耶七十一　帝瓢南無薩羯唎多七十二
翳曇婆伽婆多七十三　薩怛他伽都瑟尼釤七十四　薩怛多般怛嚂七十五　南無阿婆囉視躭七十六
般囉帝揚岐囉七十七　薩囉婆部多揭囉訶七十八　尼羯囉訶揭迦囉訶尼七十九　跋囉毖地耶
叱陀儞八十　阿迦囉蜜唎柱八十一　般唎怛囉耶儜揭唎八十二　薩囉婆槃陀那目叉尼八十三　薩
囉婆突瑟吒八十四　突悉乏般那儞伐囉尼八十五　赭都囉失帝南八十六　羯囉訶娑訶薩囉若闍
八十七　毘多崩娑那羯唎八十八　阿瑟吒氷舍帝南八十九　那叉剎怛囉若闍九十　波囉薩陀那羯
唎九十一　阿瑟吒南九十二　摩訶揭囉訶若闍九十三　毘多崩薩那羯唎九十四　薩婆舍都嚧儞婆囉
若闍九十五　呼藍突悉乏難遮那舍尼九十六　毖沙舍悉怛囉九十七　阿吉尼烏陀迦囉若闍九十八

阿般囉視多具囉九十九　摩訶般囉戰持一百　摩訶疊多一百一　摩訶帝闍二　摩訶稅多闍婆囉
三　摩訶跋囉槃陀囉婆悉儞四　阿唎耶多囉五　毘唎俱知六　誓婆毘闍耶七　跋闍囉
摩禮底八　毘舍嚧多九　勃騰罔迦十　跋闍囉制喝那阿遮一百十一　摩囉制婆般囉質多十二
跋闍囉檀持十三　毘舍囉遮十四　扇多舍鞞提婆補視多十五　蘇摩嚧波十六　摩訶稅多十七　阿
唎耶多囉十八　摩訶婆囉阿般囉十九　跋闍囉商羯囉制婆二十　跋闍囉俱摩唎一百二十一　俱藍陀
唎二十二　跋闍囉喝薩多遮二十三　毘地耶乾遮那摩唎迦二十四　啒蘇母婆羯囉㖿那二十五　鞞嚧
遮那俱唎耶二十六　夜囉菟瑟尼釤二十七　毘折藍婆摩尼遮二十八　跋闍囉迦那迦波囉婆二十九
嚧闍那跋闍囉頓稚遮三十　稅多遮迦摩囉一百三十一　剎奢尸波囉婆三十二　翳帝夷帝三十三　母陀
囉羯拏三十四　娑鞞囉懺三十五　掘梵都三十六　印兔那麼麼寫三十七誦呪者至此句稱弟子某甲受持　烏㖿三十八　唎瑟揭拏
三十九　般剌舍悉多四十　薩怛他伽都瑟尼釤一百四十一　虎㖿四十二　都嚧雍四十三　瞻婆那四十四　虎㖿
四十五　都嚧雍四十六　悉耽婆那四十七　虎㖿四十八　都嚧雍四十九　波羅瑟地耶三般叉拏羯囉五十
虎㖿一百五十一　都嚧雍五十二　薩婆藥叉喝囉剎娑五十三　揭囉訶若闍五十四　毘騰崩薩那羯囉五十五
虎㖿五十六　都嚧雍五十七　者都囉尸底南五十八　揭囉訶娑訶薩囉南五十九　毘騰崩薩那囉六十

虎𤙖一百六十一　都嚧雍六十二　囉叉六十三　婆伽梵六十四　薩怛他伽都瑟尼釤六十五　波囉點闍吉唎六十六　摩訶娑訶薩囉六十七　勃樹娑訶薩囉室唎沙六十八　俱知娑訶薩泥帝𡃤六十九　阿弊提視婆唎多七十　吒吒甖迦一百七十一　摩訶跋闍嚧陀囉七十二　帝唎菩婆那七十三　曼茶囉七十四　烏𤙖七十五　莎悉帝薄婆都七十六　麼麼七十七　印兔那麼麼寫七十八至此句準前稱名若俗人稱弟子某甲　囉闍婆夜七十九　主囉跋夜八十　阿祇尼婆夜一百八十一　烏陀迦婆夜八十二　毘沙婆夜八十三　舍薩多囉娑夜八十四　婆囉斫羯囉婆夜八十五　突瑟叉婆夜八十六　阿舍儞婆夜八十七　阿迦囉蜜唎柱婆夜八十八　陀囉尼部彌劍波伽波陀婆夜八十九　烏囉迦婆多婆夜九十　剌闍壇茶婆夜一百九十一　那伽婆夜九十二　毘條怛婆夜九十三　蘇波囉拏婆夜九十四　藥叉揭囉訶九十五　囉叉私揭囉訶九十六　畢唎多揭囉訶九十七　毘舍遮揭囉訶九十八　部多揭囉訶九十九　鳩槃茶揭囉訶二百　補丹那揭囉訶二百一　迦吒補丹那揭囉訶二　悉乾度揭囉訶三　阿播悉摩囉揭囉訶四　烏檀摩陀揭囉訶五　車夜揭囉訶六　醯唎婆帝揭囉訶七　社多訶唎南八　揭婆訶唎南九　嚧地囉訶唎南十　忙娑訶唎南二百一十一　謎陀訶唎南十二　摩闍訶唎南十三　闍多訶唎女十四　視比多訶唎南十五　毘多訶唎南十六　婆多訶唎南十七　阿輸遮訶唎女十八　質多訶唎女十九　帝釤薩鞞釤二十　薩婆揭囉訶南二百

二十一 毘陀耶闍瞋陀夜彌二十二 雞囉夜彌二十三 波唎跋囉者迦訖唎擔二十四 毘陀夜闍瞋陀
夜彌二十五 雞囉夜彌二十六 荼演尼訖唎擔二十七 毘陀夜闍瞋陀夜彌二十八 雞囉夜彌二十九 摩
訶般輸般怛夜三十 嚧陀囉訖唎擔二百三十一 毘陀夜闍瞋陀夜彌三十二 雞囉夜彌三十三 那囉夜
拏訖唎擔三十四 毘陀夜闍瞋陀夜彌三十五 雞囉夜彌三十六 怛埵伽嚧荼西訖唎擔三十七 毘陀
夜闍瞋陀夜彌三十八 雞囉夜彌三十九 摩訶迦囉摩怛唎伽拏訖唎擔四十 毘陀夜闍瞋陀夜
彌二百四十一 雞囉夜彌四十二 迦波唎迦訖唎擔四十三 毘陀夜闍瞋陀夜彌四十四 雞囉夜彌四十五
闍耶羯囉摩度羯囉四十六 薩婆囉他娑達那訖唎擔四十七 毘陀夜闍瞋陀夜彌四十八 雞囉夜
彌四十九 赭咄囉婆耆儞訖唎擔五十 毘陀夜闍瞋陀夜彌二百五十一 雞囉夜彌五十二 毘唎羊訖唎
知五十三 難陀雞沙囉伽拏般帝五十四 索醯夜訖唎擔五十五 毘陀夜闍瞋陀夜彌五十六 雞囉夜
彌五十七 那揭那舍囉婆拏訖唎擔五十八 毘陀夜闍瞋陀夜彌五十九 雞囉夜彌六十 阿羅漢訖
唎擔毘陀夜闍瞋陀夜彌二百六十一 雞囉夜彌六十二 毘多囉伽訖唎擔六十三 毘陀夜闍瞋陀夜
彌六十四 雞囉夜彌跋闍囉波儞六十五 具醯夜具醯夜六十六 迦地般帝訖唎擔六十七 毘陀夜闍
瞋陀夜彌六十八 雞囉夜彌六十九 囉叉罔七十 婆伽梵二百七十一 印兔那麼麼寫七十二至此依前稱弟子名 婆伽梵

七十三 薩怛多般怛囉七十四 南無粹都帝七十五 阿悉多那囉剌迦七十六 婆囉婆悉普吒七十七 毗迦薩怛多鉢帝唎七十八 什佛囉什佛囉七十九 陀囉陀囉八十 頻陀囉頻陀囉瞋陀瞋陀二百八十一 虎𤙖八十二 虎吽八十三 泮吒八十四 泮吒泮吒泮吒泮吒八十五 娑訶八十六 醯醯泮八十七 阿牟迦耶泮八十八 阿波囉提訶多泮八十九 婆囉波囉陀泮九十 阿素囉毗陀囉波迦泮二百九十一 薩婆提鞞弊泮九十二 薩婆那伽弊泮九十三 薩婆藥叉弊泮九十四 薩婆乾闥婆弊泮九十五 薩婆補丹那弊泮九十六 迦吒補丹那弊泮九十七 薩婆突狼枳帝弊泮九十八 薩婆突澀比𠴊訖瑟帝弊泮九十九 薩婆什婆唎弊泮三百 薩婆阿播悉摩𠴊弊泮三百一 薩婆舍囉婆拏弊泮二 薩婆地帝雞弊泮三 薩婆怛摩陀繼弊泮四 薩婆毗陀耶囉誓遮𠴊弊泮五 闍夜羯囉摩度羯囉六 薩婆羅他娑陀雞弊泮七 毗地夜遮唎弊泮八 者都囉縛耆儞弊泮九 跋闍囉俱摩唎十 毗陀夜囉誓弊泮三百十一 摩訶波囉丁羊乂耆唎弊泮十二 跋闍囉商羯囉夜十三 波囉丈耆囉闍耶泮十四 摩訶迦囉夜十五 摩訶末怛唎迦拏十六 南無娑羯唎多夜泮十七 毖瑟拏婢曳泮十八 勃囉訶牟尼曳泮十九 阿闍尼曳泮二十 摩訶羯唎曳泮三百二十一 羯囉檀遲曳泮二十二 蔑怛唎曳泮二十三 嘮怛唎曳泮二十四 遮文茶曳泮二十五 羯邏囉怛唎曳泮二十六 迦般唎曳泮二十七

阿地目質多迦尸摩舍那二十八　婆私儞曳泮二十九　演吉質三十　薩埵婆寫三百三十一　麼麼印兎那
麼麼寫三十二至此句依前稱弟子某人　突瑟吒質多三十三　阿末怛唎質多三十四　烏闍訶囉三十五　伽婆訶囉三十六
嚧地囉訶囉三十七　婆娑訶囉三十八　摩闍訶囉三十九　闍多訶囉四十　視毖多訶囉三百四十一　跋略夜
訶囉四十二　乾陀訶囉四十三　布史波訶囉四十四　頗囉訶囉四十五　婆寫訶囉四十六　般波質多四十七
突瑟吒質多四十八　嘮陀囉質多四十九　藥叉揭囉訶五十　囉剎娑揭囉訶三百五十一　閉𡅏多揭囉訶
五十二　毘舍遮揭囉訶五十三　部多揭囉訶五十四　鳩槃茶揭囉訶五十五　悉乾陀揭囉訶五十六　烏怛
摩陀揭囉訶五十七　車夜揭囉訶五十八　阿播薩摩囉揭囉訶五十九　宅祛革茶耆尼揭囉訶六十
唎佛帝揭囉訶三百六十一　闍彌迦揭囉訶六十二　舍俱尼揭囉訶六十三　姥陀囉難地迦揭囉訶六十四
阿藍婆揭囉訶六十五　乾度波尼揭囉訶六十六　什伐囉堙迦醘迦六十七　墜帝藥迦六十八　怛隸
帝藥迦六十九　者突託迦七十　昵提什伐囉毖釤摩什伐囉三百七十一　薄底迦七十二　鼻底迦七十三　室
隸瑟蜜迦七十四　娑儞般帝迦七十五　薩婆什伐囉七十六　室嚧吉帝七十七　末陀鞞達嚧制劍七十八
阿綺嚧鉗七十九　目佉嚧鉗八十　羯唎突嚧鉗三百八十一　揭囉訶揭藍八十二　羯拏輸藍八十三　憚多輸
藍八十四　迄唎夜輸藍八十五　末麼輸藍八十六　跋唎室婆輸藍八十七　毖栗瑟吒輸藍八十八　烏陀囉

輸藍八十九　羯知輸藍九十　跋悉帝輸藍三百九十一　鄔嚧輸藍九十二　常伽輸藍九十三　喝悉多輸藍九十四
跋陀輸藍九十五　娑房盎伽般囉丈伽輸藍九十六　部多毖路茶九十七　茶耆尼什婆囉九十八　陀
突嚧迦建咄嚧吉知婆路多毘九十九　薩般嚧訶凌伽四百　輸沙怛囉婆那羯囉四百一　毘沙喻
迦二　阿耆尼烏陀迦三　末囉鞞囉建路囉四　阿迦囉蜜唎咄怛斂部迦五　地栗剌吒六
毖唎瑟質迦七　薩婆那俱囉八　肆引伽弊揭囉唎藥叉怛囉芻九　末囉視吠帝釤娑
鞞釤十　悉怛多鉢怛囉四百十一　摩訶跋闍嚧瑟尼釤十二　摩訶般賴丈耆藍十三　夜波突陀舍
喻闍那十四　辮怛隸拏十五　毘陀耶槃曇迦嚧彌十六　帝殊槃曇迦嚧彌十七　般囉毘陀槃曇迦
嚧彌十八　跢姪他十九　唵二十　阿那隸四百二十一　毘舍提二十二　鞞囉跋闍囉陀唎二十三　槃陀槃陀儞
二十四　跋闍囉謗尼泮二十五　虎𤙖都嚧甕泮二十六　莎婆訶二十七

大佛頂如來密因修證了義諸菩薩萬行首楞嚴經卷第八

一名中印度那蘭陀大道場經於灌頂部錄出別行

唐天竺沙門般剌蜜帝譯

「阿難！如是衆生一一類中，亦各各具十二顛倒。猶如揑目，亂花發生，顛倒妙圓真淨明心，具足如斯虛妄亂想。汝今修證佛三摩提，於是本因元所亂想，立三漸次方得除滅。如淨器中除去毒蜜，以諸湯水并雜灰香洗滌其器，後貯甘露。云何名為三種漸次？一者、修習，除其助因；二者、真修，刳其正性；三者、增進，違其現業。

「云何助因？阿難！如是世界十二類生，不能自全，依四食住，所謂段食、觸食、思食、識食，是故佛說一切衆生皆依食住。阿難！一切衆生，食甘故生，食毒故死，是諸衆生求三摩提，當斷世間五種辛菜。是五種辛，熟食發婬，生啖增恚，如是世界食辛之人，縱能宣說十二部經，十方天仙嫌其臭穢咸皆遠離；諸餓鬼等因彼食次舐其唇吻，常與鬼住福德日銷，長無利益。是食辛人修三摩地，菩薩、天仙、十方善神不來守護，大力魔王得其方便，現作佛身來為說法，非毀禁戒讚婬怒癡，命終自為魔王眷屬，受魔福盡墮無間獄。阿難！修菩提者永斷五辛，是則名為第一增進修行漸次。

「云何正性？阿難！如是衆生入三摩地，要先嚴持清淨戒律，永斷婬心，不飡酒肉，以火淨食，無啖生氣。阿難！是修行人，若不斷婬及與殺生，出三界者，無有是處。常觀婬欲猶如毒蛇，如見怨賊，先持聲聞四棄、八棄，執身不動；後行菩薩清淨律儀，執心不起。禁戒成就，則於世間永無相生、相殺之業。偷劫不行，無相負累，亦於世間不還宿債。是清淨人修三摩地，父母肉身不須天眼，自然觀見十方世界，覩佛聞法親奉聖旨，得大神通遊十方界，宿命清淨得無艱*險，是則名為第二增進修行漸次。

「云何現業？阿難！如是清淨持禁戒人，心無貪婬，於外六塵不多流逸，因不流逸旋元自歸。塵既不緣根無所偶，反流全一六用不行，十方國土皎然清淨譬如琉璃，內懸明月身心快然，妙圓平等獲大安隱，一切如來密圓淨妙皆現其中，是人即獲無生法忍。從是漸修，隨所發行安立聖位，是則名為第三增進修行漸次。

「阿難！是善男子欲愛乾枯根境不偶，現前殘質不復續生。執心虛明純是智慧，慧性明圓瑩十方界，乾有其慧名乾慧地，欲習初乾，未與如來法流水接。即以此心中中流入，圓妙開敷，從真妙圓重發真妙，妙信常住，一切妄想滅盡無餘，中道純真，名信心住。真信明了一切圓通，陰處界三不能為礙，如是乃至過去未來無數劫中捨身、受身，一切習氣皆現在前，是善男子皆能憶念得無遺忘，名念心住。妙圓純真真精發化，無始習氣通一精明，唯以精明進趣真淨，名精進心。心精現前純以智慧，名慧心住。執持智明周遍寂湛，寂妙常凝，名定心住。定光發明，明性深入唯進無退，名不退心。心進安然保持不失，十方如來氣分交接，名護法心。覺明保持，能以妙力迴佛慈光向佛安住，猶如雙鏡光明相對，其中妙影重重相入，名迴向心。心光密迴，獲佛常凝無上妙淨，安住無為得無遺失，名戒心住。住戒自在能遊十方，所去隨願，名願心住。

「阿難！是善男子以真方便發此十心，心精發揮，十用涉入圓成一心，名發心住。心中發明，如淨瑠璃內現精金，以前妙心履以成地，名治地住。心地涉知俱得明了，遊履十方得無留礙，名修行住。行與佛同受佛氣分，如中陰身自求父母，陰信冥通入如來種，名生貴住。既遊道胎親奉覺胤，如胎已成人相不缺，名方便具足住。容貌如佛心相亦同，名正心住。身心合成日益增長，名不退住。十身靈相一時具足，名童真住。形成出胎親為佛子，名法王子住。表以成人，如國大王以諸國事分委太子，彼剎利王世子長成，陳列灌頂，名灌頂住。

「阿難！是善男子成佛子已，具足無量如來妙德，十方隨順，名歡喜行。善能利益一切眾生，名饒益行。自覺覺他得無違拒，名無嗔恨行。種類出生窮未來際，三世平等十方通達，名無盡行。一切合同，種種法門得無差誤，名離癡亂行。則於同中顯現群異，一一異相各各見同，名善現行。如是乃至十方虛空滿足微塵，一一塵中現十方界，現塵、現界不相留礙，名無著行。種種現前咸是第一波羅蜜多，名尊重行。如是圓融，能成十方諸佛軌則，名善法行。一一皆是清淨無漏，一真無為性本然故，名真實行。

「阿難！是善男子滿足神通成佛事已，純潔精真遠諸留患，當度眾生滅除度相，迴無為心向涅槃路，名救護一切眾生離眾生相迴向。壞其可壞遠離諸離，名不壞迴向。本覺湛然覺齊佛覺，名等一切佛迴向。精真發明地如佛地，名至一切處迴向。世界如來互相涉入得無罣礙，名無盡功德藏迴向。於同佛地，地中各各生清淨因，依因發揮取涅槃道，名隨順平等善根迴向。真根既成，十方眾生皆我本性，性圓成就不失眾生，名隨順等觀一切眾生迴向。即一切法離一切相，唯即與離二無所著，名如相迴向。真得所如十方無礙，名無縛解脫迴向。性德圓成法界量滅，名法界無量迴向。阿難！是善男子盡是清淨四十一心，次成四種妙圓加行，即以佛覺用為己心，若出未出，猶如鑽火欲然其木，名為煖地。又以己心成佛所履，若依非依，如登高山，身入虛空下有微礙，名為頂地。心佛二同善得中道，如忍事人非懷非出，名為忍地。數量銷滅，迷覺中道二無所目，名世第一地。

「阿難！是善男子於大菩提善得通達，覺通如來盡佛境界，名歡喜地。異性入同，同性亦滅，名離垢地。淨極明生，名發光地。明極覺滿，名焰慧地。一切同異所不能至，名難勝地。無為真如性淨明露，名現前地。盡真如際，名遠行地。一真如心，名不動地。發真如用，名善慧地。

「阿難！是諸菩薩從此已往，修習畢功功德圓滿，亦目此地名修習位。慈陰妙雲覆涅槃海，名法雲地。如來逆流，如是菩薩順行而至，覺際入交，名為等覺。阿難！從乾慧心至等覺已，是覺始獲金剛心中初乾慧地，如是重重單複十二，方盡妙覺成無上道。是種種地，皆以金剛觀察如幻十種深喻，奢摩他中，用諸如來毘婆舍那，清淨修證漸次深入。阿難！如是皆以三增進故，善能成就五十五位真菩提路。作是觀者名為正觀，若他觀者名為邪觀。」

爾時文殊師利法王子在大眾中，即從座起，頂禮佛足而白佛言：「當何名是經？我及眾生云何奉持？」

佛告文殊師利：「是經名大佛頂悉怛多般怛囉無上寶印十方如來清淨海眼，亦名救護親因度脫阿難及此會中性比丘尼得菩提心入遍知海，亦名如來密因修證了義，亦名大方廣妙蓮華王十方佛母陀羅尼咒，亦名灌頂章句諸菩薩萬行首楞嚴，汝當奉持。」

說是語已，即時阿難及諸大眾，得蒙如來開示密印般怛囉義，兼聞此經了義名目，頓悟禪那修進聖位增上妙理，心慮虛凝，斷除三界修心六品微細煩惱。即從座起，頂禮佛足，合掌恭敬而白佛言：「大威德世尊！慈音無遮，善開眾生微細沈惑，令我今日身*心快然，得大饒益。世尊！若此妙明真淨妙心本來遍圓，如是乃至大地草木蠕動含靈本元真如，即是如來成佛真體。佛體真實，云何復有地獄、餓鬼、畜生、修羅、人、天等道？世尊！此道為復本來自有？為是眾生妄習生起？世尊！如寶蓮香比丘尼持菩薩戒，私行婬欲，妄言行婬，非殺非偷，無有業報。發是語已，先於女根生大猛火，後於節節猛火燒然，墮無間獄。瑠璃大王、善星比丘，瑠璃為誅瞿曇族姓，善星妄說一切法空，生身陷入阿鼻地獄，此諸地獄為有定處？為復自然，彼彼發業各各私受？唯垂大慈發開童蒙，令諸一切持戒眾生聞決定義，歡喜頂戴謹潔無犯。」

佛告阿難：「快哉此問！令諸眾生不入邪見。汝今諦聽！當為汝說。阿難！一切眾生實本真淨，因彼妄見有妄習生，因此分開內分外分。阿難！內分即是眾生分內，因諸愛染發起妄情，情積不休能生愛水。是故眾生心憶珍羞，口中水出；心憶前人，或憐或恨目中淚盈；貪求財寶，心發愛涎舉體光潤；心著行婬，男女二根自然流液。阿難！諸愛雖別流結是同，潤濕不昇自然從墜，此名內分。

「阿難！外分即是眾生分外，因諸渴仰發明虛想，想積不休能生勝氣。是故眾生心持禁戒舉身輕清，心持呪印顧眄雄毅，心欲生天夢想飛舉，心存佛國聖境冥現，事善知識自輕身命。阿難！諸想雖別輕舉是同，飛動不沈自然超越，此名外分。

「阿難！一切世間生死相續，生從順習死從變流，臨命終時未捨暖觸，一生善惡俱時頓現，死逆生順二習相交。純想即飛，必生天上。若飛心中，兼福兼慧及與淨願，自然心開見十方佛，一切淨土隨願往生。情少想多輕舉非遠，即為飛仙、大力鬼王、飛行夜叉、地行羅剎，遊於四天所去無礙。其中若有善願善心，護持我法，或護禁戒隨持戒人，或護神呪隨持呪者，或護禪定保綏法忍，是等親住如來座下。情想均等不飛不墜，生於人間，想明斯聰，情幽斯鈍。情多想少流入橫生，重為毛群，輕為羽族。七情三想沈下水輪，生於火際受氣猛火，身為餓鬼常被焚燒，水能害已無食無飲，經百千劫。九情一想下洞火輪，身入風火二交過地，輕生有間，重生無間，二種地獄。純情即沈，入阿鼻獄。若沈心中有謗大乘，毀佛禁戒誑妄說法，虛貪信施濫膺恭敬，五逆十重，更生十方阿鼻地獄。循造惡業雖則自招，衆同分中兼有元地。

「阿難！此等皆是彼諸衆生自業所感，造十習因，受六交報。云何十因？阿難！一者、婬習交接發於相磨，研磨不休，如是故有大猛火光於中發動。如人以手自相磨觸，暖相現前，二習相然，故有鐵床、銅柱諸事。是故十方一切如來，色目行婬同名欲火，菩薩見欲如避火坑。

「二者、貪習交計發於相吸，吸攬不止，如是故有積寒堅氷於中凍冽。如人以口吸縮風氣，有冷觸生，二習相凌，故有吒吒、波波、囉囉、青赤白蓮、寒氷等事。是故十方一切如來，色目多求同名貪水，菩薩見貪如避瘴海。

「三者、慢習交凌發於相恃，馳流不息，如是故有騰逸奔波積波為水。如人口舌自相綿味，因而水發，二習相鼓，故有血河、灰河、熱沙、毒海、融銅、灌吞諸事。是故十方一切如來，色目我慢名飲癡水，菩薩見慢如避巨溺。

「四者、嗔習交衝發於相忤，忤結不息，心熱發火鑄氣為金，如是故有刀山、鐵橛、劍樹、劍輪、斧鉞、鎗鋸。如人銜寃殺氣飛動，二習相擊，故有宮割、斬斫、剉刺、搥擊諸事。是故十方一切如來，色目嗔恚名利刀劍，菩薩見嗔如避誅戮。

「五者、詐習交誘發於相調，引起不住，如是故有繩木絞挍。如水浸田草木生長，二習相延，故有杻械、枷鎖、鞭杖、撾棒諸事。是故十方一切如來，色目姦偽同名讒賊，菩薩見詐如畏豺狼。

「六者、誑習交欺發於相*罔，誣*罔不止飛心造姦，如是故有塵土、屎尿、穢污不淨。如塵隨風各無所見，二習相加，故有沒溺、騰擲、飛墜、漂淪諸事。是故十方一切如來，色目欺誑同名劫殺，菩薩見誑如踐蛇虺。

「七者、怨習交嫌發于銜恨，如是故有飛石投礰、匣貯車檻、甕盛囊撲。如陰毒人懷抱畜惡，二習相吞，故有投擲、擒捉、擊射、拋撮諸事。是故十方一切如來，色目怨家名違害鬼，菩薩見怨如飲鴆酒。

「八者、見習交明，如薩迦耶見戒禁取邪悟諸業，發於違拒出生相返，如是故有王使主吏證執文藉。如行路人來往相見，二習相交，故有勘問、權詐、考訊、推鞫、察訪、披究、照明、善惡童子手執文簿、辭辯諸事。是故十方一切如來，色目惡見同名見坑，菩薩見諸虛妄遍執如入毒壑。

「九者、枉習交加發於誣謗，如是故有合山合石碾磑耕磨。如讒賊人逼枉良善，二習相排，故有押捺、搥按、蹙漉、衡度諸事。是故十方一切如來，色目怨謗同名讒虎，菩薩見枉如遭霹靂。

「十者、訟習交誼發於藏覆，如是故有鑒見照燭。如於日中不能藏影，故有惡友業鏡、火珠披露、宿業對驗諸事。是故十方一切如來，色目覆藏同名陰賊，菩薩觀覆如戴高山履於巨海。

「云何六報？阿難！一切衆生六識造業，所招惡報從六根出。云何惡報從六根出？一者、見報，招引惡果。此見業交，則臨終時，先見猛火滿十方界，亡者神識飛墜乘煙，入無間獄，發明二相：一者、明見，則能遍見種種惡物，生無量畏；二者、暗見，寂然不見生無量恐。如是見火，燒聽能為鑊湯、洋銅，燒息能為黑烟、紫焰，燒味能為燋丸、鐵糜，燒觸能為熱灰、爐炭，燒心能生星火，迸灑、煽鼓空界。

「二者、聞報，招引惡果。此聞業交，則臨終時，先見波濤沒溺天地，亡者神識降注乘流，入無間獄，發明二相：一者、開聽，聽種種鬧精神愗亂；二者、閉聽，寂無所聞幽魄沈沒。如是聞波，注聞則能為責、為詰，注見則能為雷、為吼、為惡毒氣，注息則能為雨、為霧，灑諸毒虫周滿身體，注味則能為膿、為血種種雜穢，注觸則能為畜、為鬼、為*糞、為尿，注意則能為電、為雹，摧碎心魄。

「三者、嗅報，招引惡果。此嗅業交，則臨終時，先見毒氣充塞遠近，亡者神識從地涌出，入無間獄，發明二相：一者、通聞，被諸惡氣薰極心擾；二者、塞聞，氣掩不通悶絕於地。如是嗅氣，衝息則能為質、為履，衝見則能為火、為炬，衝聽則能為沒、為溺、為洋、為沸，衝味則能為餒、為爽，衝觸則能為綻、為爛、為大肉山，有百千眼無量咂食，衝思則能為灰、為瘴、為飛砂礰，擊碎身體。

「四者、味報，招引惡果。此味業交，則臨終時，先見鐵網猛炎熾烈周覆世界，亡者神識下透挂網，倒懸其頭入無間獄，發明二相：一者、吸氣，結成寒氷凍裂身肉；二者、吐氣，飛為猛火燋爛骨髓。如是嘗味，歷嘗則能為承、為忍，歷見則能為然金石，歷聽則能為利兵刃，歷息則能為大鐵籠彌覆國土，歷觸則能為弓、為箭、為弩、為射，歷思則能為飛熱鐵從空雨下。

「五者、觸報，招引惡果。此觸業交，則臨終時，先見大山四面來合無復出路，亡者神識見大鐵城，火蛇火狗、虎狼師子，牛頭獄卒、馬頭羅剎手執槍矟，驅入城門向無間獄，發明二相：一者、合觸，合山逼體骨肉血潰；二者、離觸，刀劍觸身心肝屠裂。如是合觸，歷觸則能為道、為觀、為廳、為案，歷見則能為燒、為爇，歷聽則能為撞、為擊、為剚、為射，歷息則能為括、為袋、為拷、為縛，歷嘗則能為耕、為鉗、為斬、為截，歷思則能為墜、為飛、為煎、為炙。

「六者、思報，招引惡果。此思業交，則臨終時，先見惡風吹壞國土，亡者神識被吹上空，旋落乘風墮無間獄，發明二相：一者、不覺，迷極則荒奔走不息；二者、不迷，覺知則苦無量煎燒，痛深難忍。如是邪思，結思則能為方、為所，結見則能為鑒、為證，結聽則能為大合石、為氷、為霜、為土、為霧，結息則能為大火車、火船、火檻，結嘗則能為大叫喚、為悔、為泣，結觸則能為大、為小、為一日中萬生萬死、為偃、為仰。

「阿難！是名地獄十因六果，皆是眾生迷妄所造，若諸眾生惡業*同造，入阿鼻獄，受無量苦經無量劫。六根各造，及彼所作兼境兼根，是人則入八無間獄。身口意三作殺盜婬，是人則入十八地獄。三業不兼，中間或為一殺、一盜，是人則入三十六地獄。見見一根，單犯一業，是人則入一百八地獄。由是眾生別作別造，於世界中入同分地，妄想發生非本來有。

「復次，阿難！是諸眾生非破律儀，犯菩薩戒，毀佛涅槃，諸餘雜業，歷劫燒然，後還罪畢受諸鬼形。若於本因貪物為罪，是人罪畢遇物成形，名為𩲡鬼。貪色為罪，是人罪畢遇風成形，名為𩲡鬼。貪惑為罪，是人罪畢遇畜成形，名為魅鬼。貪恨為罪，是人罪畢遇蟲成形，名蠱毒鬼。貪憶為罪，是人罪畢遇衰成形，名為癘鬼。貪傲為罪，是人罪畢遇氣成形，名為餓鬼。貪罔為罪，是人罪畢遇幽為形，名為魘鬼。貪明為罪，是人罪畢遇精為形，名魍魎鬼。貪成為罪，是人罪畢遇明為形，名役使鬼。貪黨為罪，是人罪畢遇人為形，名傳送鬼。阿難！是人皆以純情墜落，業火燒乾上出為鬼，此等皆是自妄想業之所招引，若悟菩提，則妙圓明本無所有。

「復次，阿難！鬼業既盡，則情與想二俱成空，方於世間與元負人怨對相值，身為畜生酬其宿債。物怪之鬼物銷報盡，生於世間多為梟類。風魃之鬼風銷報盡，生於世間多為咎徵一切異類。畜魅之鬼畜死報盡，生於世間多為狐類。蟲蠱之鬼蟲滅報盡，生於世間多為毒類。衰癘之鬼衰窮報盡，生於世間多為蛔類。受氣之鬼氣銷報盡，生於世間多為食類。綿幽之鬼幽銷報盡，生於世間多為服類。和精之鬼和銷報盡，生於世間多為應類。明靈之鬼明滅報盡，生於世間多為休徵一切諸類。依人之鬼人亡報盡，生於世間多於循類。阿難！是等皆以業火乾枯，酬其宿債傍為畜生。此等亦皆自虛妄業之所招引，若悟菩提，則此妄緣本無所有。如汝所言，寶蓮香等及瑠璃王、善星比丘，如是惡業本自發明，非從天降亦非地出，亦非人與。自妄所招還自來受，菩提心中，皆為浮妄虛想凝結。

「復次，阿難！從是畜生酬償先債，若彼酬者分越所酬，此等衆生還復為人，返徵其剩。如彼有力兼有福德，則於人中，不捨人身酬還彼力。若無福者，還為畜生償彼餘直。阿難！當知若用錢物，或役其力，償足自停。如於中間殺彼身命，或食其肉，如是乃至經微塵劫，相食相誅猶如轉輪，互為高下無有休息。除奢摩他及佛出世，不可停寢。汝今應知，彼梟倫者酬足復形，生人道中參合頑類。彼咎徵者酬足復形，生人道中參合愚類。彼狐倫者酬足復形，生人道中參於佷類。彼毒倫者酬足復形，生人道中參合庸類。彼蛔倫者酬足復形，生人道中參合微類。彼食倫者酬足復形，生人道中參合柔類。彼服倫者酬足復形，生人道中參合勞類。彼應倫者酬足復形，生人道中參於文類。彼休徵者酬足復形，生人道中參合明類。彼諸循倫酬足復形，生人道中參於達類。阿難！是等皆以宿債畢酬復形人道，皆無始來業計顛倒相生相殺，不遇如來，不聞正法，於塵勞中法爾輪轉，此輩名為可憐愍者。

「阿難！復有從人，不依正覺修三摩地，別修妄念存想固形，遊於山林人不及處，有十仙種。阿難！彼諸衆生，堅固服餌而不休息，食道圓成，名地行仙。

堅固草木而不休息，藥道圓成，名飛行仙。堅固金石而不休息，化道圓成，名遊行仙。堅固動止而不休息，氣精圓成，名空行仙。堅固津液而不休息，潤德圓成，名天行仙。堅固精色而不休息，吸粹圓成，名通行仙。堅固呪禁而不休息，術法圓成，名道行仙。堅固思念而不休息，思憶圓成，名照行仙。堅固交遘而不休息，感應圓成，名精行仙。堅固變化而不休息，覺悟圓成，名絕行仙。阿難！是等皆於人中鍊心，不循正覺別得生理，壽千萬歲，休止深山或大海島，絕於人境，斯亦輪迴妄想流轉。不修三昧，報盡還來散入諸趣。

「阿難！諸世間人不求常住，未能捨諸妻妾恩愛，於邪婬中心不流逸，澄瑩生明，命終之後隣於日月，如是一類名四天王天。於己妻房婬愛微薄，於淨居時不得全味，命終之後超日月明居人間頂，如是一類名忉利天。逢欲暫交去無思憶，於人間世動少靜多，命終之後於虛空中朗然安住，日月光明上照不及，是諸人等自有光明，如是一類名須焰摩天。一切時靜，有應觸來未能違戾，命終之後上昇精微，不接下界諸人天境，乃至劫壞三災不及，如是一類名兜率陀天。我無欲

大佛頂如來密因修證了義諸菩薩萬行首楞嚴經卷第九

一名中印度那蘭陀大道場經於灌頂部錄出別行

唐天竺沙門般剌蜜帝譯

「阿難！世間一切所修心人，不假禪那無有智慧，但能執身不行婬慾，若行若坐想念俱無，愛染不生無留欲界，是人應念身為梵侶，如是一類名梵衆天。欲習既除離欲心現，於諸律儀愛樂隨順，是人應時能行梵德，如是一類名梵輔天。身心妙圓威儀不缺，清淨禁戒加以明悟，是人應時能統梵衆為大梵王，如是一類名大梵天。阿難！此三勝流，一切苦惱所不能逼，雖非正修真三摩地，清淨心中諸漏不動，名為初禪。

「阿難！其次梵天，統攝梵人圓滿梵行，澄心不動寂湛生光，如是一類名少光天。光光相然照耀無盡，映十方界遍成瑠璃，如是一類名無量光天。吸持圓光成就教體，發化清淨應用無盡，如是一類名光音天。阿難！此三勝流，一切憂愁所不能逼，雖非正修真三摩地，清淨心中麁漏已伏，名為二禪。

「阿難！如是天人，圓光成音披音露妙，發成精行通寂滅樂，如是一類名少淨天。淨空現前引發無際，身心輕安成寂滅樂，如是一類名無量淨天。世界身心一切圓淨，淨德成就勝託現前，歸寂滅樂，如是一類名遍淨天。阿難！此三勝流具大隨順，身心安隱得無量樂，雖非正得真三摩地，安隱心中歡喜畢具，名為三禪。

「阿難！次復天人，不逼身心苦因已盡，樂非常住久必壞生，苦樂二心俱時頓捨，麁重相滅淨福性生，如是一類名福生天。捨心圓融勝解清淨，福無遮中得妙隨順窮未來際，如是一類名福愛天。阿難！從是天中有二岐路，若於先心無量淨光，福德圓明修證而住，如是一類名廣果天。若於先心雙厭苦樂，精研捨心相續不斷，圓窮捨道身心俱滅，心慮灰凝經五百劫，是人既以生滅為因，不能發明不生滅性，初半劫滅後半劫生，如是一類名無想天。阿難！此四勝流，一切世間諸苦樂境所不能動，雖非無為真不動地，有所得心功用純熟，名為四禪。

「阿難！此中復有五不還天，於下界中九品習氣俱時滅盡，苦樂雙亡，下無卜居，故於捨心衆同分中安立居處。阿難！苦樂兩滅鬪心不交，如是一類名無煩天。機括獨行研交無地，如是一類名無熱天。十方世界妙見圓澄，更無塵象一切沈垢，如是一類名善見天。精見現前陶鑄無礙，如是一類名善現天。究竟群幾窮色性性，入無邊際，如是一類名色究竟天。

「阿難！此不還天，彼諸四禪四位天王，獨有欽聞不能知見。如今世間曠野深山聖道場地，皆阿羅漢所住持故，世間麁人所不能見。阿難！是十八天，獨行無交未盡形累，自此已還名為色界。

「復次，阿難！從是有頂色邊際中，其間復有二種岐路。若於捨心發明智慧，慧光圓通便出塵界，成阿羅漢入菩薩乘，如是一類名為迴心大阿羅漢。若在捨心捨厭成就，覺身為礙銷礙入空，如是一類名為空處。諸礙既銷無礙無滅，其中唯留阿賴耶識，全於末那半分微細，如是一類名為識處。空色既亡識心都滅，十方寂然迥無攸往，如是一類名無所有處。識性不動以滅窮研，於無盡中發宣盡性，如存不存若盡非盡，如是一類名為非想非非想處。此等窮空不盡空理，從不還天聖道窮者，如是一類名不迴心鈍阿羅漢。若從無想諸外道天，窮空不歸迷漏無聞，便入輪轉。阿難！是諸天上各各天人，則是凡夫業果酬答，答盡入輪，彼之天王即是菩薩，遊三摩提漸次增進，迴向聖倫所修行路。阿難！是四空天，身心滅盡定性現前，無業果色從此逮終，名無色界。此皆不了妙覺明心，積妄發生妄有三界，中間妄隨七趣沈溺，補特伽羅各從其類。

「復次，阿難！是三界中，復有四種阿修羅類。若於鬼道，以護法力成通入空，此阿修羅從卵而生，鬼趣所攝。若於天中降德貶墜，其所卜居隣於日月，此阿修羅從胎而出，人趣所攝。有修羅王，執持世界力洞無畏，能與梵王及天帝釋、四天爭權，此阿修羅因變化有，天趣所攝。阿難！別有一分下劣修羅，生大海心沈水穴口，旦遊虛空暮歸水宿，此阿修羅因濕氣有，畜生趣攝。

「阿難！如是地獄、餓鬼、畜生、人及神仙、天洎修羅，精研七趣，皆是昏沈諸有為想，妄想受生妄想隨業，於妙圓明無作本心，皆如空花元無所有，但一虛妄更無根緒。阿難！此等眾生，不識本心受此輪迴，經無量劫不得真淨，皆由隨順殺、盜、婬故。反此三種，又則出生，無殺、盜、婬，有名鬼倫，無名天趣，有無相傾起輪迴性。若得妙發三摩提者，則妙常寂，有無二無，無二亦滅，尚無不殺、不偷、不婬，云何更隨殺、盜、婬事？阿難！不斷三業各各有私，因各各私眾私同分，非無定處自妄發生，生妄無因無可尋究。汝勗修行欲得菩提，要除三惑。不盡三惑，縱得神通，皆是世間有為功用，習氣不滅落於魔道。雖欲除妄，倍加虛偽，如來說為可哀憐者。汝妄自造，非菩提咎。作是說者名為正說，若他說者即魔王說。」

即時如來將罷法座，於師子床攬七寶机，迴紫金山，再來凭倚，普告大眾及阿難言：「汝等有學緣覺、聲聞，今日迴心趣大菩提無上妙覺，吾今已說真修行法。汝猶未識修奢摩他、毘婆舍那微細魔事，魔境現前汝不能識，洗心非正落於邪見。或汝陰魔，或復天魔，或著鬼神，或遭魑魅，心中不明認賊為子。又復於中得少為足，如第四禪無聞比丘，妄言證聖，天報已畢衰相現前，謗阿羅漢，身遭後有墮阿鼻獄。汝應諦聽！吾今為汝子細分別。」

阿難起立，并其會中同有學者，歡喜頂禮，伏聽慈誨。佛告阿難及諸大眾：「汝等當知，有漏世界十二類生，本覺妙明覺圓心體，與十方佛無二無別。由汝妄想，迷理為咎癡愛發生，生發遍迷故有空性化迷不息有世界生，則此十方微塵國土非無漏者，皆是迷頑妄想安立。當知虛空生汝心內，猶如片雲點太清裏，況諸世界在虛空耶！汝等一人發真歸元，此十方空皆悉銷殞，云何空中所有國土而不振裂？汝輩修禪飾三摩地，十方菩薩及諸無漏大阿羅漢，心精通溜當處湛然。一切魔王及與鬼神、諸凡夫天，見其宮殿無故崩裂，大地振坼水陸飛騰，無不驚慴，凡夫昏暗不覺遷訛。彼等咸得五種神通，唯除漏盡，戀此塵勞，如何令汝摧裂其處？是故神鬼及諸天魔、魍魎、妖精，於三昧時僉來惱汝。然彼諸魔雖有大怒，彼塵勞內，汝妙覺中，如風吹光，如刀斷水，了不相觸。汝如沸浪，彼如堅氷，煖氣漸隣不日銷殞，徒恃神力但為其客。成就破亂，由汝心中五陰主人，主人若迷客得其便。當處禪那覺悟無惑，則彼魔事無奈汝何。陰銷入明，則彼群邪咸受幽氣，明能破暗近自銷殞，如何敢留擾亂禪定？若不明悟被陰所迷，則汝阿難必為魔子，成就魔人。如摩登伽殊為眇劣，彼雖呪汝破佛律儀，八萬行中秖毀一戒，心清淨故尚未淪溺。此乃隳汝寶覺全身，如宰臣家忽逢籍沒，宛轉零落無可哀救。

「阿難！當知汝坐道場銷落諸念，其念若盡，則諸離念一切精明，動靜不移憶忘如一，當住此處入三摩提，如明目人處大幽暗，精性妙淨心未發光，此則名為色陰區宇。若目明朗十方洞開，無復幽黯名色陰盡。是人則能超越劫濁，觀其所由，堅固妄想以為其本。

「阿難！當在此中精研妙明，四大不織，少選之間身能出礙，此名精明流溢前境。斯但功用暫得如是，非為聖證，不作聖心名善境界，若作聖解即受群邪。

「阿難！復以此心精研妙明，其身內徹，是人忽然於其身內拾出蟯蛔，身相宛然亦無傷毀，此名精明流溢形體。斯但精行暫得如是，非為聖證，不作聖心名善境界，若作聖解即受群邪。

「又以此心內外精研，其時魂魄意志精神，除執受身餘皆涉入，若為賓主忽於空中聞說法聲，或聞十方同敷密義，此名精魂遞相離合。成就善種暫得如是，非為聖證，不作聖心名善境界，若作聖解即受群邪。

「又以此心澄露皎徹，內光發明，十方遍作閻浮檀色，一切種類化為如來，于時忽然見毘盧遮那踞天光臺，千佛圍繞，百億國土及與蓮華俱時出現，此名心魂靈悟所染，心光研明照諸世界。暫得如是，非為聖證，不作聖心名善境界，若作聖解即受群邪。

「又以此心精研妙明，觀察不停，抑按降伏制止超越，於時忽然十方虛空成七寶色，或百寶色，同時遍滿不相留礙，青、黃、赤、白各各純現，此名抑按功力踰分。暫得如是，非為聖證，不作聖心名善境界，若作聖解即受群邪。

「又以此心研究澄徹，精光不亂忽於夜合，在暗室內見種種物不殊白晝，而暗室物亦不除滅，此名心細密澄其見所視洞幽。暫得如是，非為聖證，不作聖心名善境界，若作聖解即受群邪。

「又以此心圓入虛融，四*體忽然同於草木，火燒刀斫曾無所覺，又則火光不能燒爇，縱割其肉猶如削木，此名塵併排四大性一向入純。暫得如是，非為聖證，不作聖心名善境界，若作聖解即受群邪。

「又以此心成就清淨，淨心功極忽見大地，十方山河皆成佛國，具足七寶光明遍滿。又見恒沙諸佛如來遍滿空界，樓殿華麗，下見地獄，上觀天宮，得無障礙。此名欣厭凝想日深想久化成。非為聖證，不作聖心名善境界，若作聖解即受群邪。

「又以此心研究深遠，忽於中夜遙見遠方，市井、街巷、親族、眷屬，或聞其語，此名迫心逼極飛出，故多隔見。非為聖證，不作聖心名善境界，若作聖解即受群邪。

「又以此心研究精極，見善知識形體變移，少選無端種種遷改，此名邪心含受魑魅，或遭天魔入其心腹，無端說法通達妙義。非為聖證，不作聖心魔事銷歇，若作聖解即受群邪。

「阿難！如是十種禪那現境，皆是色陰，用心交互故現斯事。衆生頑迷不自忖量，逢此因緣迷不自識，謂言登聖，大妄語成，墮無間獄。汝等當依如來滅後，於*末法中宣示斯義，無令天魔得其方便，保持覆護成無上道。

「阿難！彼善男子，修三摩提奢摩他中，色陰盡者見諸佛心，如明鏡中顯現其像，若有所得而未能用。猶如魘人，手足宛然見聞不惑，心觸客邪而不能動，此則名為受陰區宇。若魘咎歇，其心離身返觀其面，去住自由無復留礙，名受陰盡。是人則能超越見濁，觀其所由，虛明妄想以為其本。

「阿難！彼善男子當在此中得大光耀，其心發明內抑過分，忽於其處發無窮悲，如是乃至觀見蚊虻猶如赤子，心生憐愍不覺流淚。此名功用抑摧過越，悟則無咎，非為聖證，覺了不迷久自銷歇。若作聖解，則有悲魔入其心府，見人則悲啼泣無限，失於正受當從淪墜。

「阿難！又彼定中諸善男子，見色陰銷，受陰明白，勝相現前感激過分，忽於其中生無限勇，其心猛利志齊諸佛，謂三僧祇一念能越。此名功用凌率過越，悟則無咎，非為聖證，覺了不迷久自銷歇。若作聖解，則有狂魔入其心腑，見人則誇我慢無比，其心乃至上不見佛下不見人，失於正受當從淪墜。

「又彼定中諸善男子，見色陰銷，受陰明白，前無新證歸失故居，智力衰微入中墮地，迥無所見，心中忽然生大枯渴，於一切時沈憶不散，將此以為勤精進相。此名修心無慧自失，悟則無咎，非為聖證。若作聖解，則有憶魔入其心腑，旦夕撮心懸在一處，失於正受當從淪墜。

「又彼定中諸善男子，見色陰銷，受陰明白，慧力過定失於猛利，以諸勝性懷於心中，自心已疑是盧舍那，得少為足。此名用心亡失恒審，溺於知見，悟則無咎，非為聖證。若作聖解，則有下劣易知足魔入其心腑，見人自言我得無上第一義諦，失於正受當從淪墜。

「又彼定中諸善男子，見色陰銷，受陰明白，新證未獲故心已亡，歷覽二際自生艱險，於心忽然生無盡憂，*如坐鐵床，如飲毒藥，心不欲活，常求於人令害其命，早取解脫。此名修行失於方便，悟則無咎，非為聖證。若作聖解，則有一分常憂愁魔入其心腑，手執刀劍自割其肉，欣其捨壽，或常憂愁走入山林不耐見人，失於正受當從淪墜。

「又彼定中諸善男子，見色陰銷，受陰明白，處清淨中心安隱後，忽然自有無限喜生，心中歡悅不能自止。此名輕安無慧自禁，悟則無咎，非為聖證。若作聖解，則有一分好喜樂魔入其心腑，見人則笑，於衢路傍自歌自舞，自謂已得無礙解脫，失於正受當從淪墜。

「又彼定中諸善男子，見色陰銷，受陰明白，自謂已足，忽有無端大我慢起，如是乃至慢與過慢及慢過慢，或增上慢，或卑劣慢，一時俱發，心中尚輕十方如來，何況下位聲聞、緣覺！此名見勝無慧自救，悟則無咎，非為聖證。若作聖解，則有一分大我慢魔入其心腑，不禮塔廟摧毀經像，謂檀越言：此是金銅，或是土木，經是樹葉，或是疊花，肉身真常不自恭敬，却崇土木實為顛倒。其深信者，從其毀碎埋棄地中，疑誤眾生，入無間獄，失於正受當從淪墜。

「又彼定中諸善男子，見色陰銷，受陰明白，於精明中圓悟精理，得大隨順，其心*忽生無量輕安，已言成聖得大自在。此名因慧獲諸輕清，悟則無咎，非為聖證。若作聖解，則有一分好清輕魔入其心腑，自謂滿足更不求進，此等多作無聞比丘，疑謗後生，墮阿鼻獄，失於正受當從淪墜。

「又彼定中諸善男子，見色陰銷，受陰明白，於明悟中得虛明性，其中忽然歸向永滅，撥無因果一向入空，空心現前，乃至心生長斷滅解。悟則無咎，非為聖證，若作聖解，則有空魔入其心腑，乃謗持戒名為小乘，菩薩悟空有何持犯？其人常於信心檀越，飲酒噉肉廣行婬穢，因魔力故攝其前人不生疑謗，鬼心久入，或食屎尿與酒肉等，一種俱空，破佛律儀誤入人罪，失於正受當從淪墜。

「又彼定中諸善男子，見色陰銷，受陰明白，味其虛明深入心骨，其心忽有無限愛生，愛極發狂便為貪欲。此名定境安順入心，無慧自持誤入諸欲，悟則無咎，非為聖證。若作聖解，則有欲魔入其心腑，一向說欲為菩提道，化諸白衣平等行欲，其行婬者名持法子，神鬼力故，於末世中攝其凡愚，其數至百，如是乃至一百、二百，或五、六百，多滿千萬，魔心生厭離其身體，威德既無陷於王難，疑誤衆生，入無間獄，失於正受當從淪墜。

「阿難！如是十種禪那現境，皆是受陰用心交互，故現斯事。衆生頑迷不自忖量，逢此因緣迷不自識，謂言登聖，大妄語成，墮無間獄。汝等亦當將如來語，於我滅後傳示末法，遍令衆生開悟斯義，無令天魔得其方便，保持覆護成無上道。

「阿難！彼善男子，修三摩提受陰盡者，雖未漏盡心離其形，如鳥出籠已能成就。從是凡身，上歷菩薩六十聖位，得意生身隨往無礙。譬如有人熟寐寱言，是人雖則無別所知，其言已成音韻倫次，令不寐者咸悟其語，此則名為想陰區宇。若動念盡浮想銷除，於覺明心如去塵垢，一倫死生首尾圓照，名想陰盡。是人則能超煩惱濁，觀其所由，融通妄想以為其本。

「阿難！彼善男子受陰虛妙，不遭邪慮，圓定發明三摩地中，心愛圓明，銳其精思貪求善巧。爾時天魔候得其便，飛精附人口說經法，其人不覺是其魔著，自言謂得無上涅槃，來彼求巧善男子處敷座說法。其形斯須或作比丘令彼人見，或為帝釋，或為婦女，或比丘尼，或寢暗室身有光明，是人愚迷惑為菩薩，信其教化搖蕩其心，破佛律儀潛行貪欲。口中好言災祥變異，或言如來某處出世，或言劫火，或說刀兵，恐怖於人，令其家資無故耗散。此名怪鬼，年老成魔惱亂是人，厭足心生去彼人體，弟子與師俱陷王難。汝當先覺不入輪迴，迷惑不知墮無間獄。

「阿難！又善男子受陰虛妙，不遭邪慮，圓定發明三摩地中，心愛遊蕩，飛其精思貪求經歷。爾時天魔候得其便，飛精附人口說經法，其人亦不覺知魔著，亦言自得無上涅槃，來彼求遊善男子處敷座說法。自形無變，其聽法者忽自見身坐寶蓮華，全體化成紫金光聚，一眾聽人各各如是，得未曾有。是人愚迷惑為菩薩，婬逸其心，破佛律儀潛行貪欲，口中好言：『諸佛應世某處某人，當是某佛化身來此，某人即是某菩薩等來化人間。』其人見故心生傾渴，邪見密興種智銷滅。此名魃鬼，年老成魔惱亂是人，厭足心生去彼人體，弟子與師俱陷王難。汝當先覺不入輪迴，迷惑不知墮無間獄。

「又善男子受陰虛妙，不遭邪慮，圓定發明三摩地中，心愛綿溜，澄其精思貪求契合。爾時天魔候得其便，飛精附人口說經法，其人實不覺知魔著，亦言自得無上涅槃，來彼求合善男子處敷座說法。其形及彼聽法之人外無遷變，令其聽者未聞法前，心自開悟念念移易。或得宿命，或有他心，或見地獄，或知人間好惡諸事，或口說偈，或自誦經，各各歡喜得未曾有。是人愚迷惑為菩薩，綿愛其心，破佛律儀潛行貪欲，口中好言：『佛有大小，某佛先佛，某佛後佛，其中亦有真佛、假佛、男佛、女佛，菩薩亦然。』其人見故，洗滌本心易入邪悟。此名魅鬼，年老成魔惱亂是人，厭足心生去彼人體，弟子與師俱陷王難。汝當先覺不入輪迴，迷惑不知墮無間獄。

「又善男子受陰虛妙，不遭邪慮，圓定發明三摩地中，心愛根本，窮覽物化性之終始，精爽其心貪求辯析。爾時天魔候得其便，飛精附人口說經法，其人先不覺知魔著，亦言自得無上涅槃，來彼求元善男子處敷座說法。身有威神摧伏求者，令其座下雖未聞法自然心伏。是諸人等，將佛涅槃、菩提法身，即是現前我肉身上，父父子子遞代相生，即是法身常住不絕，都指現在即為佛國，無別淨居及金色相。其人信受忘失先心，身命歸依得未曾有。是等愚迷惑為菩薩，推究其心，破佛律儀潛行貪欲，口中好言：『眼耳鼻舌皆為淨土，男女二根即是菩提涅*槃真處。』彼無知者信是穢言，此名蠱毒魘勝惡鬼，年老成魔惱亂是人，厭足心生去彼人體，弟子與師俱陷王難。汝當先覺不入輪迴，迷惑不知墮無間獄。

「又善男子受陰虛妙，不遭邪慮，圓定發明三摩地中，心愛懸應，周流精研貪求冥感。爾時天魔候得其便，飛精附人口說經法，其人元不覺知魔著，亦言自得無上涅槃，來彼求應善男子處敷座說法。能令聽眾暫見其身如百千歲，心生愛染不能捨離，身為奴僕四事供養不覺疲勞，各各令其座下人心，知是先師本善知識，別生法愛粘如膠漆得未曾有。是人愚迷惑為菩薩，親近其心，破佛律儀潛行貪欲，口中好言：『我於前世於某生中，先度某人，當時是我妻妾兄弟，今來相度與汝相隨，歸某世界供養某佛。』或言：『別有大光明天佛於中住，一切如來所休居地。』彼無知者，信是虛誑遺失本心。此名厲鬼，年老成魔惱亂是人，厭足心生去彼人體，弟子與師俱陷王難。汝當先覺不入輪迴，迷惑不知墮無間獄。」

「又善男子受陰虛妙，不遭邪慮，圓定發明三摩地中，心愛深入，克己辛勤，樂處陰寂貪求靜謐。爾時天魔候得其便，飛精附人口說經法，其人本不覺知魔著，亦言自得無上涅槃，來彼求陰善男子處敷座說法。令其聽人各知本業，或於其處語一人言：汝今未死已作畜生，勑使一人於後踏尾，頓令其人起不能得，於是一眾傾心欽伏。有人起心已知其肇，佛律儀外重加精苦，誹謗比丘罵詈徒眾，訐露人事不避譏嫌，口中好言未然禍福，及至其時毫髮無失。此大力鬼，年老成魔惱亂是人，厭足心生去彼人體，弟子與師多陷王難。汝當先覺不入輪迴，迷惑不知墮無間獄。

「又善男子受陰虛妙，不遭邪慮，圓定發明三摩地中，心愛知見，勤苦研尋貪求宿命。爾時天魔候得其便，飛精附人口說經法，其人殊不覺知魔著，亦言自得無上涅槃，來彼求知善男子處敷座說法。是人無端於說法處得大寶珠，其魔或時化為畜生，口銜其珠及雜珍寶，簡策符牘諸奇異物，先授彼人，後著其體，或誘聽人，藏於地下有明月珠照耀其處，是諸聽者得未曾有，多食藥草不飡嘉膳，或時日飡一麻一麥，其形肥充魔力持故，誹謗比丘，罵詈徒眾不避譏嫌，口中好言他方寶藏，十方聖賢潛匿之處，隨其後者往往見有奇異之人。此名山林、土地、城隍、川嶽鬼神，年老成魔。或有宣婬破佛戒律，與承事者潛行五欲；或有精進純食草木，無定行事，惱亂彼人，厭足心生去彼人體，弟子與師多陷王難。汝當先覺不入輪迴，迷惑不知墮無間獄。

「又善男子受陰虛妙，不遭邪慮，圓定發明三摩地中，心愛神通種種變化，研究化元貪取神力。爾時天魔候得其便，飛精附人口說經法，其人誠不覺知魔著，亦言自得無上涅槃，來彼求通善男子處敷座說法。是人或復手執火光，手撮其光分於所聽四衆頭上，是諸聽人頂上火光皆長數尺，亦無熱性曾不焚燒。或上水行如履平地，或於空中安坐不動，或入瓶內，或處囊中，越牖透垣曾無障礙，唯於刀兵不得自在。自言是佛身著白衣，受比丘禮，誹謗禪律罵詈徒衆，訐露人事不避譏嫌，口中常說神通自在，或復令人傍見佛土，鬼力惑人非有真實，讚歎行婬不毀麁行，將諸猥媟以為傳法。此名天地大力山精、海精、風精、河精、土精，一切草樹積劫精魅，或復龍魅，或壽終仙再活為魅，或仙期終計年應死，其形不化他怪所附，年老成魔惱亂是人，厭足心生去彼人體，弟子與師多陷王難。汝當先覺不入輪迴，迷惑不知墮無間獄。

「又善男子受陰虛妙，不遭邪慮，圓定發明三摩地中，心愛入滅，*研究化性貪求深空。爾時天魔候得其便，飛精附人口說經法，其人終不覺知魔著，亦言自得無上涅槃，來彼求空善男子處敷座說法，於大衆內其形忽空衆無所見，還從虛空突然而出，存沒自在。或現其身洞如瑠璃，或垂手足作旃檀氣，或大小便如厚石蜜。誹毀戒律輕賤出家，口中常說無因無果，一死永滅無復後身及諸凡聖。

雖得空寂，潛行貪欲，受其欲者，亦得空心撥無因果。此名日月薄蝕精氣，金玉、芝草、麟鳳、龜鶴經千萬年，不死為靈出生國土，年老成魔惱亂是人，厭足心生去彼人體，弟子與師多陷王難。汝當先覺不入輪迴，迷惑不知墮無間獄。

「又善男子受陰虛妙，不遭邪慮，圓定發明三摩地中，心愛長壽辛苦研幾，貪求永歲棄分段生，頓希變易細相常住。爾時天魔候得其便，飛精附人口說經法，其人竟不覺知魔著，亦言自得無上涅槃，來彼求生善男子處敷座說法。好言他方往還無滯，或經萬里瞬息再來，皆於彼方取得其物，或於一處，在一宅中數步之間，令其從東詣至西壁，是人急行累年不到，因此心信疑佛現前，口中常說十方衆生皆是吾子，我生諸佛，我出世界，我是元佛，出生自然不因修得。此名住世自在天魔，使其眷屬，如遮文荼及四天王、毘舍童子，未發心者，利其虛明食彼精氣，或不因師，其修行人親自觀見，稱執金剛與汝長命，現美女身盛行貪欲，未逾年歲肝腦枯竭，口兼獨言聽若魅魅，前人未詳多陷王難，未及遇刑先已乾死，惱亂彼人以至殂殞。汝當先覺不入輪迴，迷惑不知墮無間獄。

「阿難！當知是十種魔於末世時，在我法中出家修道，或附人體，或自現形，皆言已成正遍知覺，讚歎婬欲破佛律儀，先惡魔師與魔弟子，婬婬相傳。如是邪精魅其心腑，近則九生多踰百世，令真修行總為魔眷，命終之後*必為魔民，失正遍知墮無間獄。汝今未須先取寂滅，縱得無學，留願入彼末法之中，起大慈悲，救度正心深信眾生，令不著魔得正知見，我今度汝已出生死，汝遵佛語名報佛恩。

「阿難！如是十種禪那現境，皆是想陰用心交互，故現斯事。眾生頑迷不自忖量，逢此因緣迷不自識，謂言登聖，大妄語成，墮無間獄。汝等必須將如來語，於我滅後傳示末法，遍令眾生開悟斯義，無令天魔得其方便，保持覆護成無上道。」

大佛頂⊙如來密因修證了義諸菩薩☆萬行首楞嚴經卷第九

大佛頂如來密因修證了義諸菩薩萬行首楞嚴經卷第十

一名中印度那蘭陀大道場經於灌頂部錄出別行

大唐神龍元年龍集乙巳五月己卯朔二十三日辛丑中天竺沙門般剌蜜帝於廣州制止道場譯出

菩薩戒弟子前正諫大夫同中書門下平章事清河房融筆授

烏長國沙門彌伽釋迦譯語

「阿難！彼善男子修三摩提想陰盡者，是人平常夢想銷滅寤寐恒一，覺明虛靜猶如晴空，無復麁重前塵影事。觀諸世間大地河山如鏡鑑明，來無所粘過無蹤跡，虛受照應，了罔陳習唯一精真。生滅根元從此披露，見諸十方十二眾生畢殫其類，雖未通其各命由緒，見同生基，猶如野馬熠熠清擾，為浮根塵究竟樞穴，此則名為行陰區宇。若此清擾熠熠元性，性入元澄，一澄元習，如波瀾滅化為澄水，名行陰盡。是人則能超眾生濁，觀其所由，幽隱妄想，以為其本。

「阿難！當知是得正知奢摩他中諸善男子，凝明正心，十類天魔不得其便，方得精研窮生類本。於本類中生元露者，觀彼幽清圓擾動元，於圓元中起計度者，是人墜入二無因論。一者、是人見本無因。何以故？是人既得生機全破，乘于眼根八百功德，見八萬劫所有眾生，業流灣環死此生彼，秖見眾生輪迴其處，八萬劫外冥無所觀。便作是解：此等世間十方眾生，八萬劫來無因自有。由此計度亡正遍知，墮落外道惑菩提性。二者、是人見末無因。何以故？是人於生既見其根，知人生人，悟鳥生鳥。烏從來黑，鵠從來白，人天本豎，畜生本橫，白非洗成，黑非染造，從八萬劫無復改移。今盡此形亦復如是，而我本來不見菩提，云何更有成菩提事？當知今日一切物象，皆本無因。由此計度亡正遍知，墮落外道惑菩提性。是則名為第一外道，立無因論。

「阿難！是三摩中諸善男子，凝明正心魔不得便，窮生類本，觀彼幽清常擾動元，於圓常中起計度者，是人墜入四遍常論。一者、是人窮心境性，二處無因，修習能知二萬劫中，十方衆生所有生滅，咸皆循環，不曾散失，計以為常。二者、是人窮四大元，四性常住，修習能知四萬劫中，十方衆生所有生滅，咸皆體恒不曾散失，計以為常。三者、是人窮盡六根，末那執受心意識中，本元由處性常恒故，修習能知八萬劫中，一切衆生循環不失，本來常住窮不失性，計以為常。四者、是人既盡想元，生理更無流止運轉，生滅想心今已永滅，理中自然成不生滅，因心所度，計以為常。由此計常亡正遍知，墮落外道惑菩提性。是則名為第二外道，立圓常論。

「又三摩中諸善男子，堅凝正心魔不得便，窮生類本，觀彼幽清常擾動元，於自他中起計度者，是人墜入四顛倒見，一分無常、一分常論。一者、是人觀妙明心遍十方界，湛然以為究竟神我，從是則計我遍十方凝明不動，一切衆生於我心中自生自死，則我心性名之為常，彼生滅者真無常性。二者、是人不觀其心，遍觀十方恒沙國土，見劫壞處名為究竟無常種性，劫不壞處名究竟常。三者、是人別觀我心，精細微密猶如微塵，流轉十方性無移改，能令此身即生即滅，其不壞性名我性常，一切死生從我流出名無常性。四者、是人知想陰盡，見行陰流，行陰常流計為常性，色、受、想等今已滅盡名為無常。由此計度一分無常、一分常故，墮落外道惑菩提性。是則名為第三外道，一分常論。

「又三摩中諸善男子，堅凝正心魔不得便，窮生類本，觀彼幽清常擾動元，於分位中生計度者，是人墜入四有邊論。一者、是人心計生元流用不息，計過、未者名為有邊，計相續心名為無邊。二者、是人觀八萬劫，則見衆生八萬劫前寂無聞見，無聞見處名為無邊，有衆生處名為有邊。三者、是人計我遍知，得無邊性，彼一切人現我知中，我曾不知彼之知性，名彼不得無邊之心，但有邊性。四者、是人窮行陰空，以其所見心路籌度，一切衆生一身之中，計其咸皆半生半滅，明其世界一切所有，一半有邊，一半無邊。由此計度有邊無邊，墮落外道惑菩提性。是則名為第四外道，立有邊論。

「又三摩中諸善男子，堅凝正心魔不得便，窮生類本，觀彼幽清常擾動元，於知見中生計度者，是人墜入四種顛倒不死矯亂遍計虛論。一者、是人觀變化元，見遷流處名之為變，見相續處名之為恒，見所見處名之為生，不見見處名之為滅，相續之因性不斷處名之為增，正相續中中所離處名之為滅，各各生處名之為有，互互亡處名之為無。以理都觀用心別見，有求法人來問其義，答言：我今亦生、亦滅、亦有、亦無、亦增、亦減，於一切時皆亂其語，令彼前人遺失章句。二者、是人諦觀其心互互無處，因無得證，有人來問唯答一字，但言其無，除無之餘無所言說。三者、是人諦觀其心各各有處，因有得證，有人來問唯答一字，但言其是，除是之餘無所言說。四者、是人有無俱見，其境枝故其心亦亂，有人來問，答言亦有即是亦無，亦無之中不是亦有，一切矯亂無容窮詰。由此計度矯亂虛無，墮落外道惑菩提性。是則名為第五外道，四顛倒性不死矯亂遍計虛論。

「又三摩中諸善男子，堅凝正心魔不得便，窮生類本，觀彼幽清常擾動元，於無盡流生計度者，是人墜入死後有相，發心顛倒。或自固身，云色是我。或見我圓含遍國土，云我有色。或彼前緣隨我迴復，云色屬我。或復我依行中相續，云我在色。皆計度言死後有相，如是循環有十六相，從此惑計畢竟煩惱、畢竟菩提，兩性並驅各不相觸。由此計度死後有故，墮落外道惑菩提性。是則名為第六外道，立五陰中死後有相心顛倒論。

「又三摩中諸善男子，堅凝正心魔不得便，窮生類本，觀彼幽清常擾動元，於先除滅色、受、想中生計度者，是人墜入死後無相，發心顛倒。見其色滅形無所因，觀其想滅心無所繫，知其受滅無後連綴，陰性銷散，縱有生理而無受想，與草木同。此質現前猶不可得，死後云何更有諸相？因之勘校死後相無，如是循環有八無相。從此或計，涅槃因果一切皆空，徒有名字究竟斷滅。由此計度死後無故，墮落外道惑菩提性。是則名為第七外道，立五陰中死後無相心顛倒論。

「又三摩中諸善男子，堅凝正心魔不得便，窮生類本，觀彼幽清常擾動元，於行存中兼受想滅，雙計有無自體相破，是人墜入死後俱非起顛倒論。色、受、想中見有非有，行遷流內觀無不無，如是循環窮盡陰界，八俱非相，隨得一緣皆言死後有相無相。又計諸行性遷訛故，心發通悟，有無俱非虛實失措。由此計度死後俱非，後際昏瞢無可道故，墮落外道惑菩提性，是則名為第八外道，立五陰中死後俱非心顛倒論。

「又三摩中諸善男子，堅凝正心魔不得便，窮生類本，觀彼幽清常擾動元，於後後無生計度者，是人墜入七斷滅論，或計身滅，或欲盡滅，或苦盡滅，或極樂滅，或極捨滅，如是循環窮盡七際，現前銷滅，滅已無復。由此計度死後斷滅，墮落外道惑菩提性。是則名為第九外道，立五陰中死後斷滅心顛倒論。

「又三摩中諸善男子，堅凝正心魔不得便，窮生類本，觀彼幽清常擾動元，於後後有生計度者，是人墜入五涅槃論。或以欲界為正轉依，觀見圓明生愛慕故，或以初禪性無憂故，或以二禪心無苦故，或以三禪極悅隨故，或以四禪苦樂二亡不受輪迴生滅性故。迷有漏天作無為解，五處安隱為勝淨依，如是循環五處究竟。由此計度五現涅槃，墮落外道惑菩提性。是則名為第十外道，立五陰中五現涅槃心顛倒論。

「阿難！如是十種禪那狂解，皆是行陰用心交互，故現斯悟。眾生頑迷不自忖量，逢此現前以迷為解，自言登聖，大妄語成，墮無間獄。汝等必須將如來*語，於我滅後傳示末法，遍令眾生覺了斯義，無令心魔自起深孽，保持覆護消息邪見，教其身心開覺真義，於無上道不遭枝岐，勿令心祈得少為足，作大覺王清淨標指。

「阿難！彼善男子修三摩提行陰盡者，諸世間性幽清擾動同分生機，倏然墮裂沈細綱紐，補特伽羅酬業深脈感應懸絕。於涅槃天將大明悟，如雞後鳴，瞻顧東方已有精色。六根虛靜無復馳逸，內外湛明入無所入，深達十方十二種類受命元由，觀由執元諸類不召，於十方界已獲其同，精色不沈發現幽祕，此則名為識陰區宇。若於群召已獲同中，銷磨六門合開成就，見聞通隣互用清淨，十方世界及與身心，如吠瑠璃內外明徹，名識陰盡。是人則能超越命濁，觀其所由，罔象虛無顛倒妄想以為其本。

「阿難！當知是善男子窮諸行空，於識還元，已滅生滅，而於寂滅精妙未圓。能令己身根隔合開，亦與十方諸類通覺，覺知通㴸能入圓元。若於所歸立真常因生勝解者，是人則墮因所因執，娑毗迦羅所歸冥諦，成其伴侶，迷佛菩提亡失知見。是名第一，立所得心成所歸果，違遠圓通背涅槃城，生外道種。

「阿難！又善男子窮諸行空，已滅生滅，而於寂滅精妙未圓。若於所歸覽為自體，盡虛空界十二類內所有衆生，皆我身中一類流出，生勝解者，是人則墮能非能執，摩醯首羅現無邊身，成其伴侶，迷佛菩提亡失知見。是名第二，立能為心，成能事果，違遠圓通，背涅槃城，生大慢天，我遍圓種。

「又善男子窮諸行空，已滅生滅，而於寂滅精妙未圓。若於所歸有所歸依，自疑身心從彼流出，十方虛空咸其生起，即於都起所宣流地，作真常身無生滅解，在生滅中早計常住，既惑不生亦迷生滅，安住沈迷，生勝解者，是人則墮常非常執，計自在天成其伴侶，迷佛菩提亡失知見。是名第三，立因依心成妄計果違遠圓通背涅槃城，生倒圓種。

「又善男子窮諸行空，已滅生滅，而於寂滅精妙未圓。若於所知，知遍圓故因知立解，十方草木皆稱有情與人無異，草木為人，人死還成十方草樹，無擇遍知，生勝解者，是人則墮知無知執，婆吒霰尼執一切覺，成其伴侶，迷佛菩提亡失知見。是名第四，計圓知心成虛謬果，違遠圓通背涅槃城，生倒知種。

「又善男子窮諸行空，已滅生滅，而於寂滅精妙未圓。若於圓融根互用中已得隨順，便於圓化一切發生，求火光明，樂水清淨，愛風周流，觀塵成就，各各崇事，以此群塵發作本因立常住解，是人則墮生無生執，諸迦葉波并婆羅門勤心役身，事火崇水求出生死，成其伴侶，迷佛菩提亡失知見。是名第五，計著崇事迷心從物，立妄求因求妄冀果，違遠圓通背涅槃城，生顛化種。

「又善男子窮諸行空，已滅生滅，而於寂滅精妙未圓。若於圓明計明中虛，非滅群化，以永滅依為所歸依，生勝解者，是人則墮歸無歸執，無*想天中諸舜若多成其伴侶，迷佛菩提亡失知見。是名第六，圓虛無心成空亡果，違遠圓通背涅槃城，生斷滅種。

「又善男子窮諸行空，已滅生滅，而於寂滅精妙未圓。若於圓常固身常住，同于精圓長不傾逝，生勝解者，是人則墮貪非貪執，諸阿斯陀求長命者成其伴侶，迷佛菩提亡失知見。是名第七，執著命元立固妄因趣長勞果，違遠圓通背涅槃城，生妄延種。

「又善男子窮諸行空，已滅生滅，而於寂滅精妙未圓，觀命互通却留塵勞，恐其銷盡。便於此際坐蓮華宮，廣化七珍多增寶媛，縱恣其心，生勝解者，是人則墮真無真執，吒抧迦羅成其伴侶，迷佛菩提亡失知見。是名第八，發邪思因立熾塵果，違遠圓通背涅槃城，生天魔種。

「又善男子窮諸行空，已滅生滅，而於寂滅精妙未圓。於命明中分別精麁疏決真偽，因果相酬唯求感應背清淨道，所謂見苦、斷集、證滅、修道，居滅已休更不前進，生勝解者，是人則墮定性聲聞，諸無聞僧增上慢者成其伴侶，迷佛菩提亡失知見。是名第九，圓精應心成趣寂果，違遠圓通背涅槃城，生纏空種。

「又善男子窮諸行空，已滅生滅，而於寂滅精妙未圓。若於圓融清淨覺明發研深妙，即立涅槃而不前進，生勝解者，是人則墮定性辟支，諸緣獨倫不迴心者成其伴侶，迷佛菩提亡失知見。是名第十，圓覺溜心成湛明果，違遠圓通背涅槃城，生覺圓明不化圓種。

「阿難！如是十種禪那中途成狂，因依◎迷惑於☆未足中生滿足證，皆是識陰用心交互，故生斯位。眾生頑迷不自忖量，逢此現前各以所愛，先習迷心而自休息，將為畢竟所歸寧地，自言滿足無上菩提，大妄語成，外道邪魔所感業終，墮無間獄。聲聞、緣覺不成增進，汝等存心秉如來道，將此法門於我滅後傳示末世，普令眾生覺了斯義，無令見魔自作沈*孽，保綏哀救消息邪緣，令其身心入佛知見，從始成就不遭岐路。如是法門，先過去世恒沙劫中微塵如來，乘此心開得無上道。識陰若盡，則汝現前諸根互用，從互用中能入菩薩金剛乾慧，圓明精心於中發化，如淨瑠璃內含寶月，如是乃超十信、十住、十行、十迴向、四加行心是眾生妄心計度。阿難！知妄所起說妄因緣，若妄元無，說妄因緣元無所有，何況不知推自然者！是故如來與汝發明，五陰本因同是妄想。汝體先因父母想生，汝心非想則不能來想中傳命。如我先言，心想醋味口中涎生，心想登高足心酸起，懸崖不有醋物未來，汝體必非虛妄通倫，口水如何因談醋出？是故當知汝現色身，名為堅固第一妄想。即此所說臨高想心，能令汝形真受酸澁。由因受生能動色體，汝今現前順益違損二現驅馳，名為虛明第二妄想。由汝念慮使汝色身，身非念倫汝身何因？隨念所使種種取像，心生形取與念相應。寤即想心寐為諸夢，則汝想念搖動妄情，名為融通第三妄想。化理不住運運密移，甲長髮生氣銷容皺，日夜相代曾無覺悟。阿難！此若非汝，云何體遷？如必是真，汝何無覺？則汝諸行念念不停，名為幽隱第四妄想。又汝精明湛不搖處名恒常者，於身不出見、聞、覺、知，若實精真不容習妄。何因汝等曾於昔年覩一奇物，經歷年歲憶忘俱無，於後忽然覆覩前異，記憶宛然曾不遺失？則此精了湛不搖中，念念受熏有何籌算？阿難！當知此湛非真，如急流水望如恬靜，流急不見非是無流，若非想元寧受想習？非汝六根互用合開，此之妄想無時得滅。故汝現在見聞覺知中串習幾，則湛了內罔象虛無，第五顛倒細微精想。

「阿難！是五受陰五妄想成，汝今欲知因界淺深，唯色與空是色邊際，唯觸及離是受邊際，唯記與忘是想邊際，唯滅與生是行邊際，湛入合湛歸識邊際。此五陰元重疊生起，生因識有滅從色除。理則頓悟，乘悟併銷；事非頓除，因次第盡。我已示汝劫波巾結，何所不明再此詢問？汝應將此妄想根元心得開通，傳示將來末法之中諸修行者，令識虛妄深厭自生，知有涅槃不戀三界。

「阿難！若復有人，遍滿十方所有虛空盈滿七寶，持以奉上微塵諸佛，承事供養心無虛度，於意云何？是人以此施佛因緣，得福多不？」

阿難答言：「虛空無盡珍寶無邊，昔有衆生施佛七錢，捨身猶獲轉輪王位，況復現前虛空既窮佛土充遍皆施珍寶！窮劫思議尚不能及，是福云何更有邊際？」

佛告阿難：「諸佛如來語無虛妄。若復有人身具四重、十波羅夷，瞬息即經此方他方阿鼻地獄，乃至窮盡十方無*間靡不經歷，能以一念將此法門於末劫中，開示未學，是人罪障應念銷滅，變其所受地獄苦因成安樂國，得福超越前之施人，百倍、千倍、千萬、億倍，如是乃至算數譬喻所不能及。阿難！若有衆生，能誦此經，能持此呪，如我廣說窮劫不盡，依我教言如教行道，直成菩提無復魔業。」

佛說此經已，比丘、比丘尼、優婆塞、優婆夷，一切世間天人、阿修羅及諸他方菩薩、二乘、聖仙、童子，并初發心大力鬼神，皆大歡喜，作禮而去。

大佛頂⊙如來密因修證了義諸菩薩☆萬行首楞嚴經卷第十

南無護法韋馱尊天菩薩

全佛文化圖書出版目錄

佛教小百科系列

□ 佛菩薩的圖像解說1-總論•佛部	320
□ 佛菩薩的圖像解說2-菩薩部•觀音部•明王部	280
□ 密教曼荼羅圖典1-總論•別尊•西藏	240
□ 密教曼荼羅圖典2-胎藏界上	300
□ 密教曼荼羅圖典2-胎藏界中	350
□ 密教曼荼羅圖典2-胎藏界下	420
□ 密教曼荼羅圖典3-金剛界上	260
□ 密教曼荼羅圖典3-金剛界下	260
□ 佛教的真言咒語	330
□ 天龍八部	350
□ 觀音寶典	320
□ 財寶本尊與財神	350
□ 消災增福本尊	320
□ 長壽延命本尊	280
□ 智慧才辯本尊	290
□ 令具威德懷愛本尊	280
□ 佛教的手印	290
□ 密教的修法手印-上	350
□ 密教的修法手印-下	390
□ 簡易學梵字(基礎篇)-附CD	250
□ 簡易學梵字(進階篇)-附CD	300
□ 佛教的法器	290
□ 佛教的持物	330
□ 佛教的塔婆	290
□ 中國的佛塔-上	240
□ 中國的佛塔-下	240
□ 西藏著名的寺院與佛塔	330
□ 佛教的動物-上	220
□ 佛教的動物-下	220
□ 佛教的植物-上	220
□ 佛教的植物-下	220
□ 佛教的蓮花	260
□ 佛教的香與香器	280
□ 佛教的神通	290
□ 神通的原理與修持	280
□ 神通感應錄	250
□ 佛教的念珠	220
□ 佛教的宗派	295
□ 佛教的重要經典	290
□ 佛教的重要名詞解說	380
□ 佛教的節慶	260
□ 佛教的護法神	320
□ 佛教的宇宙觀	260
□ 佛教的精靈鬼怪	280
□ 密宗重要名詞解說	290
□ 禪宗的重要名詞解說-上	360
□ 禪宗的重要名詞解說-下	290
□ 佛教的聖地-印度篇	200

佛菩薩經典系列

□ 阿彌陀佛經典	350
□ 藥師佛•阿閦佛經典	220
□ 普賢菩薩經典	180
□ 文殊菩薩經典	260
□ 觀音菩薩經典	220
□ 地藏菩薩經典	260
□ 彌勒菩薩•常啼菩薩經典	250
□ 維摩詰菩薩經典	250
□ 虛空藏菩薩經典	350
□ 無盡意菩薩•無所有菩薩經典	260

佛法常行經典系列

□ 妙法蓮華經	260
□ 悲華經	260
□ 大乘本生心地觀經•勝鬘經•如來藏經	200

- ☐ 小品般若波羅密經 220
- ☐ 金光明經•金光明最勝王經 280
- ☐ 楞伽經•入楞伽經 360
- ☐ 楞嚴經 200
- ☐ 解深密經•大乘密嚴經 200
- ☐ 大日經 220
- ☐ 金剛頂經•金剛頂瑜伽念誦經 200

三昧禪法經典系列

- ☐ 念佛三昧經典 260
- ☐ 般舟三昧經典 220
- ☐ 觀佛三昧經典 220
- ☐ 如幻三昧經典 250
- ☐ 月燈三昧經典(三昧王經典) 260
- ☐ 寶如來三昧經典 250
- ☐ 如來智印三昧經典 180
- ☐ 法華三昧經典 260
- ☐ 坐禪三昧經典 250
- ☐ 修行道地經典 250

修行道地經典系列

- ☐ 大方廣佛華嚴經(10冊) 1600
- ☐ 長阿含經(4冊) 600
- ☐ 增一阿含經(7冊) 1050
- ☐ 中阿含經(8冊) 1200
- ☐ 雜阿含經(8冊) 1200

佛經修持法系列

- ☐ 如何修持心經 200
- ☐ 如何修持金剛經 260
- ☐ 如何修持阿彌陀經 200
- ☐ 如何修持藥師經-附CD 280
- ☐ 如何修持大悲心陀羅尼經 220
- ☐ 如何修持阿閦佛國經 200
- ☐ 如何修持華嚴經 290
- ☐ 如何修持圓覺經 220
- ☐ 如何修持法華經 220
- ☐ 如何修持楞嚴經 220

守護佛菩薩系列

- ☐ 釋迦牟尼佛-人間守護主 240
- ☐ 阿彌陀佛-平安吉祥 240
- ☐ 藥師佛-消災延壽(附CD) 260
- ☐ 大日如來-密教之主 250
- ☐ 觀音菩薩-大悲守護主(附CD) 280
- ☐ 文殊菩薩-智慧之主(附CD) 280
- ☐ 普賢菩薩-廣大行願守護主 250
- ☐ 地藏菩薩-大願守護主 250
- ☐ 彌勒菩薩-慈心喜樂守護主 220
- ☐ 大勢至菩薩-大力守護主 220
- ☐ 準提菩薩-滿願守護主(附CD) 260
- ☐ 不動明王-除障守護主 220
- ☐ 虛空藏菩薩-福德大智守護(附CD) 260
- ☐ 毘沙門天王-護世財寶之主(附CD) 280

輕鬆學佛法系列

- ☐ 遇見佛陀-影響百億人的生命導師 200
- ☐ 如何成為佛陀的學生-皈依與受戒 200
- ☐ 佛陀的第一堂課-四聖諦與八正道 200
- ☐ 業力與因果-佛陀教你如何掌握自己的命運 220

洪老師禪座教室系列

- ☐ 靜坐-長春.長樂.長效的人生 200
- ☐ 放鬆(附CD) 250
- ☐ 妙定功-超越身心最佳功法(附CD) 260
- ☐ 妙定功VCD 295
- ☐ 睡夢-輕鬆入眠•夢中自在(附CD) 240
- ☐ 沒有敵者-強化身心免疫力的修鍊法(附CD) 280
- ☐ 夢瑜伽-夢中作主.夢中變身 260
- ☐ 如何培養定力-集中心靈的能量 200

禪生活系列

- ☐ 坐禪的原理與方法-坐禪之道 280
- ☐ 以禪養生-呼吸健康法 200
- ☐ 內觀禪法-生活中的禪道 290
- ☐ 禪宗的傳承與參禪方法-禪的世界 260
- ☐ 禪的開悟境界-禪心與禪機 240
- ☐ 禪宗奇才的千古絕唱-永嘉禪師的頓悟 260
- ☐ 禪師的生死藝術-生死禪 240
- ☐ 禪師的開悟故事-開悟禪 260
- ☐ 女禪師的開悟故事(上)-女人禪 220
- ☐ 女禪師的開悟故事(下)-女人禪 260
- ☐ 以禪療心-十六種禪心療法 260

佛家經論導讀叢書系列

- ☐ 雜阿含經導讀-修訂版 450
- ☐ 異部宗論導讀 240
- ☐ 大乘成業論導讀 240
- ☐ 解深密經導讀 320
- ☐ 阿彌陀經導讀 320
- ☐ 唯識三十頌導讀-修訂版 520
- ☐ 唯識二十論導讀 300
- ☐ 小品般若經論對讀-上 400
- ☐ 小品般若經論對讀-下 420
- ☐ 金剛經導讀 220
- ☐ 心經導讀 160
- ☐ 中論導讀-上 420
- ☐ 中論導讀-下 380
- ☐ 楞伽經導讀 400
- ☐ 法華經導讀-上 220
- ☐ 法華經導讀-下 240
- ☐ 十地經導讀 350
- ☐ 大般涅槃經導讀-上 280
- ☐ 大般涅槃經導讀-下 280
- ☐ 維摩詰經導讀 220
- ☐ 菩提道次第略論導讀 450
- ☐ 密續部總建立廣釋 280
- ☐ 四法寶鬘導讀 200
- ☐ 因明入正理論導讀-上 240
- ☐ 因明入正理論導讀-下 200

談錫永作品系列

- ☐ 閒話密宗 200
- ☐ 西藏密宗占卜法-妙吉祥占卜法(組合) 580
- ☐ 細說輪迴生死書-上 200
- ☐ 細說輪迴生死書-下 200
- ☐ 西藏密宗百問-修訂版 210
- ☐ 觀世音與大悲咒-修訂版 190
- ☐ 佛家名相 220
- ☐ 密宗名相 220
- ☐ 佛家宗派 220
- ☐ 佛家經論-見修法鬘 180
- ☐ 生與死的禪法 260
- ☐ 細說如來藏 280
- ☐ 如來藏三談 300

大中觀系列

- □ 四重緣起深般若-增訂版 420
- □ 心經內義與究竟義-印度四大論師釋《心經》 350
- □ 聖入無分別總持經對堪及研究 390
- □ 《入楞伽經》梵本新譯 320
- □ 《寶性論》梵本新譯 320
- □ 如來藏論集 330
- □ 如來藏二諦見 360
- □ 《聖妙吉祥真實名經》梵本校譯 390
- □ 《聖妙吉祥真實名經》釋論三種 390
- □ 《辨中邊論釋》校疏 400

甯瑪派叢書-見部系列

- □ 九乘次第論集-佛家各部見修差別 380
- □ 甯瑪派四部宗義釋 480
- □ 辨法法性論及釋論兩種 480
- □ 決定寶燈 480
- □ 無修佛道-現證自性大圓滿本來面目教授 360
- □ 幻化網秘密藏續釋-光明藏 560
- □ 善說顯現喜宴-甯瑪派大圓滿教法 650

甯瑪派叢書-修部系列

- □ 大圓滿心性休息導引 395
- □ 大圓滿前行及讚頌 380
- □ 幻化網秘密藏續 480
- □ 六中有自解脫導引 520

李潤生作品系列

- □ 佛家輪迴理論-上 360
- □ 佛家輪迴理論-下 390
- □ 生活中的佛法-山齋絮語 390
- □ 百論析義-上 450
- □ 百論析義-下 480
- □ 唯識.因明.禪偈的深層探究-上 350
- □ 唯識.因明.禪偈的深層探究-下 390

蓮花生大士全傳系列

- □ 蓮花王 320
- □ 師子吼聲 320
- □ 桑耶大師 320
- □ 廣大圓滿 320
- □ 無死虹身 320
- □ 蓮花生大士祈請文集 280

密乘寶海系列

- □ 現觀中脈實相成就-開啟中脈實修秘法 290
- □ 智慧成就拙火瑜伽 330
- □ 蓮師大圓滿教授講記-藏密寧瑪派最高解脫法門 220
- □ 密宗修行要旨-總攝密法的根本要義 430
- □ 密宗成佛心要-今生即身成佛的必備書 240
- □ 無死-超越生與死的無死瑜伽 200

□ 密宗的源流-密法內在傳承的密意 240
□ 恆河大手印-傾瓶之灌的帝洛巴恆河大手印 240
□ 岡波巴大手印-大手印導引顯明本體四瑜伽 390
□ 大白傘蓋佛母-息災護佑行法(附CD) 295
□ 孔雀明王行法-摧伏毒害煩惱 260
□ 月輪觀 • 阿字觀-密教觀想法的重要基礎 350
□ 穢積金剛-滅除一切不淨障礙 290
□ 五輪塔觀-密教建立佛身的根本大法 290
□ 密法總持-密意成就金法總集 650

光明導引系列

□ 阿彌陀經臨終光明導引-臨終救度法 350
□ 送行者之歌(附國台語雙CD) 480

高階禪觀心要系列

□ 念佛三昧-迅速匯集諸佛功德的法門 290
□ 首楞嚴三昧-降伏諸魔的大悲勇健三昧 380

高階禪觀系列

□ 通明禪禪觀-迅速開啟六種神通的禪法 200
□ 十種遍一切處禪觀-調練心念出生廣大威力的禪法 280
□ 四諦十六行禪觀-佛陀初轉法輪的殊勝法門 350
□ 三三昧禪觀-證入空、無相、無願三解脫門的禪法 260
□ 大悲如幻三昧禪觀-修行一切菩薩三昧的根本 380
□ 圓覺經二十五輪三昧禪觀-二十五種如來圓覺境界的禪法 400

禪觀寶海系列

□ 禪觀秘要 1200

其他系列

□ 入佛之門-佛法在現代的應用智慧 350
□ 如觀自在-千手觀音與大悲咒的實修心要 650
□ 神通-佛教神通學大觀 590
□ 仁波切我有問題-一本關於空的見地、禪修與問答集 240
□ 認識日本佛教 360
□ 普賢法身之旅-2004美東弘法紀行 450

全套購書85折、單冊購書9折
(郵購請加掛號郵資60元)

全佛文化事業有限公司
新北市新店區民權路95號4樓之1
Buddhall Cultural Enterprise Co.,Ltd.
TEL:886-2-2913-2199
FAX:886-2-2913-3693
匯款帳號：3199717004240
合作金庫銀行大坪林分行
戶名：全佛文化事業有限公司

佛法常行經典系列7

《楞嚴經》

主編　全佛編輯部
出版　全佛文化事業有限公司
永久信箱：台北郵政26-341號信箱
訂購專線：（02）2913-2199
傳真專線：（02）2913-3693
發行專線：（02）2219-0898
匯款帳號：3199717004240 合作金庫銀行大坪林分行
戶名：全佛文化事業有限公司
E-mail：buddhall@ms7.hinet.net
http://www.buddhall.com
門市　心茶堂
新北市新店區民權路95號4樓之1（江陵金融大樓）
門市專線：（02）2219-8189
行銷代理　紅螞蟻圖書有限公司
台北市內湖區舊宗路二段121巷19號（紅螞蟻資訊大樓）
電話：（02）2795-3656
傳真：（02）2795-4100

一九九六年十月　初版
二〇一三年十月　初版三刷
定價新台幣　二〇〇元
ISBN 978-957-9462-47-1（平裝）

版權所有・請勿翻印

All Rights Reserved. Printed in Taiwan.
Published by BuddhAll Cultural Enterprise Co.,Ltd.

Buddhall

國家圖書館出版品預行編目資料

大佛頂首楞嚴經 / 全佛編輯部主編-
- 初版. -- 臺北市：全佛文化,
1996[民85] 面； 公分. -
(佛法常行經典系列；7)
ISBN 978-957-9462-47-1(平裝)

1.秘密部
221.76 85011373